Reime und Gedichte für Kinder

Compact Verlag

Liebe kleine und große Kinder!

In diesem Buch haben wir viele Reime und Gedichte gesammelt. Sie sind lustig, spannend und manchmal auch lehrreich. Berühmte Leute haben sie geschrieben, zum Beispiel Wilhelm Busch, Christian Morgenstern oder Johann Wolfgang von Goethe. Es sind einfache, mittelschwere und auch schwere Gedichte dabei, die alle entdeckt werden wollen.

Unter den Gedichten findet ihr immer eine Anmerkung, wer sie geschrieben hat. Steht dort *Volksgut*, wurden sie mündlich weitergetragen und haben keinen bestimmten Verfasser. Von ihnen gibt es oft auch verschiedene Versionen.

Viel Spaß im Land der Poesie!

Bisher sind in dieser Reihe erschienen:
Kinderlieder, Kinderspiele und Basteln für Kinder

© 2009 Compact Verlag München
Alle Rechte vorbehalten. Nachdruck, auch auszugsweise,
nur mit ausdrücklicher Genehmigung des Verlages gestattet.
Chefredaktion: Dr. Angela Sendlinger
Textauswahl und Redaktion: Greta Steenbock
Produktion: Wolfram Friedrich
Illustrationen: Doris Oppenauer
Titelillustration: Doris Oppenauer
Gestaltung: EKH Werbeagentur GbR
Umschlaggestaltung: EKH Werbeagentur GbR

ISBN 978-3-8174-6914-7
5469141

Besuchen Sie uns im Internet: www.compactverlag.de

Inhalt

Inhalt

Reime

Abzählreime

Ene mene mu,
und raus bist du!
Raus bist du noch lange nicht,
musst erst sagen, wie alt du bist.
1, 2, 3, ... und raus bist du.

1, 2, 3, 4, 5, 6, 7,
eine alte Frau kocht Rüben,
eine alte Frau kocht Speck,
und du bist weg!

Eine kleine Piepmaus
lief ums Rathaus,
wollte sich was kaufen,
hatte sich verlaufen.
Schillewipp, schillewapp,
du bist ab!

Volksgut

Abzählreime

Muh, muh, muh,
so ruft im Stall die Kuh.
Sie gibt uns Milch und Butter,
wir geben ihr das Futter.
Muh, muh, muh,
so ruft im Stall die Kuh.

Frau von Hagen
darf ich's wagen,
Sie zu fragen
wie viel Kragen
Sie getragen
da Sie lagen
krank am Magen
in der Hauptstadt
Kopenhagen?

Volksgut

Kniereiter

Hoppe, hoppe, Reiter,
wenn er fällt, dann schreit er,
fällt er in den Graben,
fressen ihn die Raben,
fällt er in den Sumpf,
macht der Reiter: plumps.

Hopp, hopp, Habermann!
Zieh dem Bauer die Stiefel an,
lass ihn reiten, was er kann
ist er doch kein Edelmann.

Volksgut

Kniereiter

Hopp, hopp, hopp,
Pferdchen lauf Galopp!
Über Stock und über Steine,
aber brich dir nicht die Beine,
Hopp, hopp, hopp,
Pferdchen lauf Galopp!

Tipp, tipp, tapp,
wirf mich nur nicht ab!
Zähme deine wilden Triebe,
Pferdchen, tu es mir zuliebe,
Tipp, tipp, tapp,
wirf mich nur nicht ab!

Volksgut

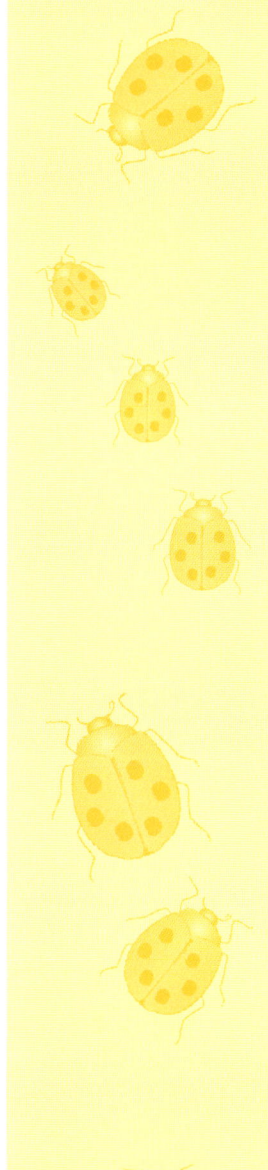

Reime

Punkt, Punkt, Komma, Strich,
fertig ist das Mondgesicht.

Langer Käse, runde Butter,
fertig ist die Schwiegermutter!

Arme wie 'ne Acht,
ist das nicht 'ne Pracht?

Füße wie 'ne Sechs,
ist das nicht 'ne Hex'?

Haare wie ein Stachelschwein,
das ist des Königs Töchterlein!

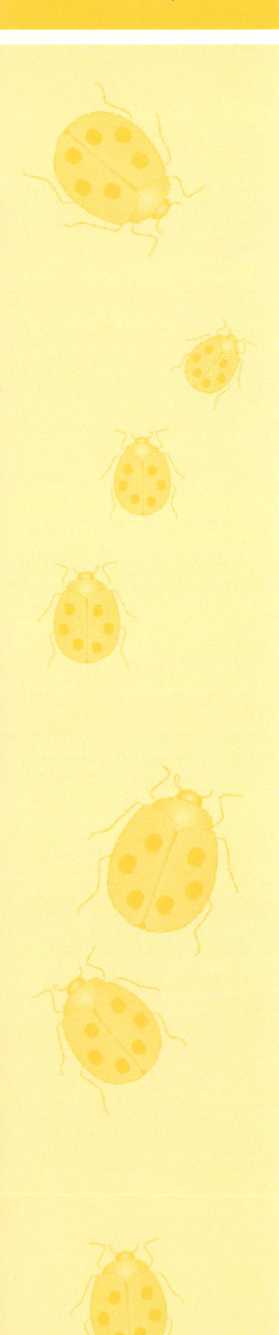

Blick' nicht trostlos in die Welt,
wie die dummen Kälber!
Das Gesicht ist dir geschenkt,
lachen musst du selber!

Ilse Bilse, keiner will se,
kommt der Koch,
nimmt se doch.

Volksgut

Warum, warum, ist die Banane krumm?
Weil niemand in den Urwald zog
und die Banane gerade bog.

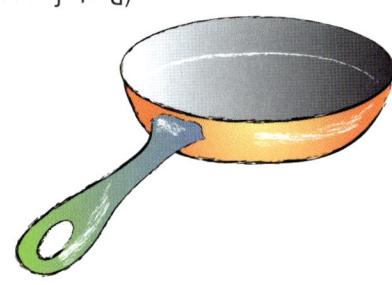

Ihr lieben Leut', was dies bedeut'?
Hat sieben Häut, beißt alle Leut'?
(Zwiebel)

Was ist das?
Hängt von der Wand,
hat den Hintern verbrannt?
(Bratpfanne)

Was ist das?
Ich gehe alle Tage aus und bleibe doch in
meinem Haus.
(Schnecke)

Möcht mal wissen, wer das ist,
der immer mit zwei Löffeln isst.
(Hase)

Volksgut

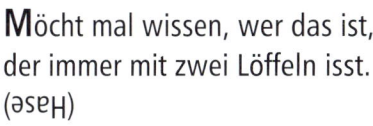

Reime

Eine kleine Dickmadam

Eine kleine Dickmadam
fuhr mal mit der Eisenbahn.
Eisenbahn, die krachte,
Dickmadam, die lachte.
Lachte, bis der Schutzmann kam
und sie mit zur Wache nahm.
Auf der Wache war sie frech –
patsch – da hatt' sie eine weg.

Morgens früh um sechs
kommt die kleine Hex'.
Morgens früh um sieben
schält sie gelbe Rüben.
Morgens früh um acht
wird der Kaffee gemacht.
Morgens früh um neune
geht sie in die Scheune.
Morgens früh um zehne
holt sie Holz und Späne,
feuert an bis elfe,
kocht dann bis um zwölfe,
Fröschebein und Krebs und Fisch.
Hurtig, Kinder, kommt zu Tisch!

Volksgut

12

Reime

Lirum, Larum, Löffelstiel,
alte Weiber essen viel,
junge müssen fasten.
'S Brot liegt im Kasten,
's Messer liegt daneben,
hei, welch ein lustig Leben!

Lirum, Larum, Löffelstiel,
wer nichts lernt,
der kann nicht viel.
Reiche Leute essen Speck,
arme Leute essen Dreck.

Lirum, Larum, Leier,
die Butter, die ist teuer.
Lirum, Larum, Löffelstiel,
für zwei Kreuzer gibt's
nicht viel.

Volksgut

Lampenputzer is meen Vater
im Berliner Stadttheater.

Meene Mutter wäscht Manschetten
für Soldaten und Kadetten.

Meene Schwester, die Gertrude
steht in eener Seltersbude.

Schusterjunge is meen Bruda
und ick bin det kleenste Luda.

Peter Ludwig Hertel (1817–1899)

Reime

Lebe glücklich, lebe froh,
wie der König Salomo,
der auf seinem Stuhle saß
und ein Stückchen Käse aß.

Lebe glücklich, werde alt,
bis die Welt in Stücke knallt.

Lebe glücklich, lebe froh,
wie der Mops im Haferstroh.

Bleibe fröhlich, bleibe heiter,
wie der Frosch am Blitzableiter.

Volksgut

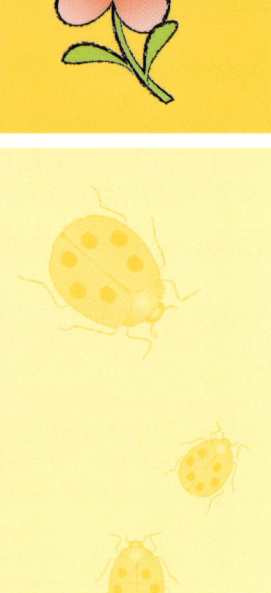

Zungenbrecher

Achtundachtzig achteckige Hechtsköpfe.

Auf den sieben Robbenklippen sitzen sieben Robbensippen, die sich in die Rippen stippen, bis sie von den Klippen kippen.

Der dicke Dietrich trägt den dünnen Dietrich durch den dicken Dreck durch.

Fischers Fritz fischt frische Fische. Frische Fische fischt Fischers Fritz.

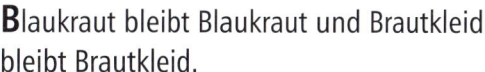

Blaukraut bleibt Blaukraut und Brautkleid bleibt Brautkleid.

Der Leutnant von Läuten befahl seinen Leuten nicht eher zu läuten bis der Leutnant von Läuten seinen Leuten das Läuten befahl.

Volksgut

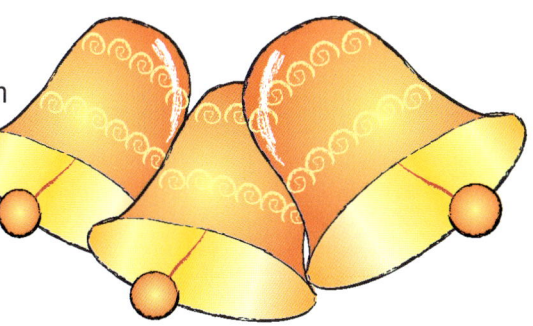

15

Reime

Die Blumen flüstern leise
doch wahr und inniglich
verstehst du ihre Weise?
Es ist ein Gruß für dich.

Ein Blümchen blau
blüht auf der Au,
sein Name spricht:
„Vergissmeinnicht!"

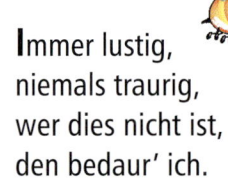

Immer lustig,
niemals traurig,
wer dies nicht ist,
den bedaur' ich.

Volksgut

Vergnügliches

Rate mal

Die vier Brüder

Vier Brüder gehn jahraus, jahrein
im ganzen Jahr spazieren;
doch jeder kommt für sich allein,
uns Gaben zuzuführen.

Der Erste kommt mit leichtem Sinn,
in reines Blau gehüllet,
streut Knospen, Blätter, Blüten hin,
die er mit Düften füllet.

Der Zweite tritt schon ernster auf
mit Sonnenschein und Regen,
streut Blumen aus in seinem Lauf,
der Ernte reichen Segen.

Rate mal

Der Dritte naht mit Überfluss
und füllet Küch' und Scheune,
bringt uns zum süßesten Genuss
viel Äpfel, Nüss' und Weine.

Verdrießlich braust der Vierte her,
in Nacht und Graus gehüllet,
zieht Feld und Wald und Wiesen leer,
die er mit Schnee erfüllet.

Wer sagt mir, wer die Brüder sind,
die so einander jagen?
Leicht rät sie wohl ein jedes Kind,
drum brauch ich's nicht zu sagen.

Friedrich von Schiller (1759–1805)

19

Der kleine Fitzli

Wie groß will nicht der kleine Fitzli sein!
Er steigt auf einen Stuhl: „Heida! Bin ich noch klein?
Und bald will ich noch größer sein!"
Er steigt auf einen Berg
und – ist ein Zwerg.

Volksgut

Dort oben auf dem Berge,
da ist der Teufel los.
Da streiten sich fünf Zwerge
um einen großen Kloß.
Der Erste will ihn haben,
der Zweite lässt ihn los,
der Dritte fällt in' Graben,
dem Vierten platzt die Hos'.
Der Fünfte schnappt den Kloß
und isst ihn auf mit Soß'.

Volksgut

Vergnügliches

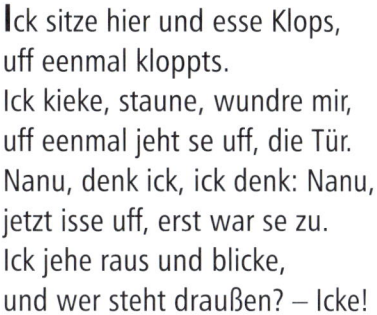

Ick sitze hier und esse Klops,
uff eenmal kloppts.
Ick kieke, staune, wundre mir,
uff eenmal jeht se uff, die Tür.
Nanu, denk ick, ick denk: Nanu,
jetzt isse uff, erst war se zu.
Ick jehe raus und blicke,
und wer steht draußen? – Icke!

Volksgut aus Berlin

Rische, rasche, rusche,
der Hase sitzt im Busche.
Woll'n wir mal das Leben wagen?
Woll'n wir mal den Hasen jagen?

Rusche, rasche, rische,
der Hase sitzt bei Tische.
Siehst du dort im grünen Kohl ihn?
Flink, nun lauf mal hin und hol ihn!

Rische, rusche, rasche,
hast' ihn in der Tasche?
Was? Er ist ins Feld gegangen?
Ätsch! Kann nicht mal Hasen fangen!

Gustav Falke (1853–1916)

Das Samenkorn

Ein Samenkorn lag auf dem Rücken,
die Amsel wollte es zerpicken.
Aus Mitleid hat sie es verschont
und wurde dafür reich belohnt.
Das Korn, das auf der Erde lag,
das wuchs und wuchs von Tag zu Tag.
Jetzt ist es schon ein hoher Baum
und trägt ein Nest aus weichem Flaum.
Die Amsel hat das Nest erbaut,
dort sitzt sie nun und zwitschert laut.

Joachim Ringelnatz (1883–1934)

Ein Schnupfen

Ein Schnupfen hockt auf der Terrasse,
auf dass er sich ein Opfer fasse.
Und stürzt alsbald mit großem Grimm
auf einen Menschen namens Schrimm.
Paul Schrimm erwidert prompt: Pitschü!
und hat ihn drauf bis Montag früh.

Christian Morgenstern (1871–1914)

Großes Geheimnis

Es sitzt ein Knab' am Bach
und sieht den Wellen nach.
Sie sprudeln und sie rauschen.
Er denkt: „Ich muss doch lauschen,
was all die Wellen plaudern!"

Und 's Knäblein ohne Zaudern,
es bückt sich zu den Quellchen,
da kommt ganz fix ein Wellchen
gesprudelt und gerauscht –
was hat es da gelauscht!

Doch kann es nichts verstehen,
und eh' es sich's versehen,
bückt es sich tiefer hin –
und liegt im Wasser drin.

Zum Glücke war der Bach
ganz hell und klar und flach,
schnell sprang der Knab' heraus
und sah ganz lustig aus.

Und als ich ihn gefragt,
was ihm der Bach gesagt,
sprach er nach kurzem Zaudern:
„Ihr dürft es keinem plaudern!"

Ein groß' Geheimnis ist,
was er mir sagte, wisst!
Er sagte: „Wisst ihr was?
Das Wasser, das macht nass!"

Robert Reinick (1805–1852)

23

Der fliegende Robert

Wenn der Regen niederbraust,
wenn der Sturm das Feld durchsaust,
bleiben Mädchen oder Buben
hübsch daheim in ihren Stuben.

Robert aber dachte: Nein!
Das muss draußen herrlich sein!
Und im Felde patschet er
mit dem Regenschirm umher.

Hui, wie pfeift der Sturm und keucht,
dass der Baum sich niederbeugt!
Seht! Den Schirm erfasst der Wind,
und der Robert fliegt geschwind.

Durch die Luft so hoch, so weit,
niemand hört ihn, wenn er schreit.
An die Wolken stößt er schon,
und der Hut fliegt auch davon.

Schirm und Robert fliegen dort
durch die Wolken immerfort.
Und der Hut fliegt weit voran,
stößt zuletzt am Himmel an.

Wo der Wind sie hingetragen,
ja, das weiß kein Mensch zu sagen.

Heinrich Hoffmann (1809–1894)

Das Nasobēm

Auf seinen Nasen schreitet
einher das Nasobēm,
von seinem Kind begleitet.
Es steht noch nicht im Brehm.

Es steht noch nicht im Meyer.
Und auch im Brockhaus nicht.
Es trat aus meiner Leier
zum ersten Mal ans Licht.

Auf seinen Nasen schreitet
(wie schon gesagt) seitdem,
von seinem Kind begleitet,
einher das Nasobēm.

Joachim Ringelnatz (1883–1934)

Ein männlicher Briefmark

Ein männlicher Briefmark erlebte
was Schönes, bevor er klebte.
Er war von einer Prinzessin beleckt.
Da war die Liebe in ihm erweckt.
Er wollte sie wiederküssen,
da hat er verreisen müssen.
So liebte er sie vergebens.
Das ist die Tragik des Lebens!

Joachim Ringelnatz (1883–1934)

25

Vergnügliches

Lügenmärchen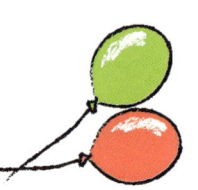

Ich will euch erzählen und will auch nicht lügen:
Ich sah zwei gebratene Ochsen fliegen,
sie flogen gar ferne –
sie hatten den Rücken gen Himmel gekehrt,
die Füße wohl gegen die Sterne.

Ein Amboss und ein Mühlstein,
die schwammen bei Köln wohl über den Rhein,
sie schwammen gar leise –
ein Frosch verschlang alle beide
zu Pfingsten wohl auf dem Eise.

Es wollten vier einen Hasen fangen,
sie kamen auf Stelzen und Krücken gegangen.
Der Erste konnte nicht sehen,
der Zweite war stumm, der Dritte war taub,
der Vierte konnte nicht gehen.
Nun denke sich einer, wie dieses geschah:
Als nun der Blinde den Hasen sah,
auf grüner Wiese grasen,
da rief der Stumme dem Tauben zu,
und der Lahme erhaschte den Hasen.

Es fuhr ein Schiff auf trockenem Land
es hatte die Segel gen Wind gespannt
und segelt im vollen Laufen –
da stieß es an einen hohen Berg,
da tat das Schiff ersaufen.

In Straßburg stand ein hoher Turm,
der trotzte Regen, Wind und Sturm
und stand fest über die Maßen.
Den hat der Kuhhirt mit einem Horn
eines Morgens umgeblasen.

Ein altes Weib auf dem Rücken lag,
sein Maul wohl hundert Klaftern weit auftat,
's ist wahr und nicht erlogen,
drin hat der Storch fünfhundert Jahr'
seine Jungen großgezogen.

So will ich hiermit mein Liedlein beschließen,
und sollt's auch die werte Gesellschaft verdrießen,
will trinken und nicht mehr lügen:
Bei mir zu Land sind die Mücken so groß,
als hier die größten Ziegen.

Ernst Moritz Arndt (1769–1860)

Vergnügliches

Dunkel war's, der Mond schien helle,
lautlos brüllte die Natur,
als ein Wagen blitzeschnelle
langsam um die Ecke fuhr.
Drinnen saßen stehend Leute,
schweigend ins Gespräch vertieft,
als ein totgeschossner Hase
auf der Sandbank Schlittschuh lief.

Und auf einer roten Bank,
die blau angestrichen war,
saß ein blondgelockter Jüngling
mit kohlrabenschwarzem Haar.
Neben ihm 'ne alte Schrulle,
die kaum zählte siebzehn Jahr,
in der Hand 'ne Butterstulle,
die mit Schmalz bestrichen war.

Holder Engel, süßer Bengel,
heißgeliebtes Trampeltier!
Du hast Augen wie Sardellen,
alle Ochsen gleichen dir.
Du bist gerührt wie Apfelmus
und flüssig wie Pomade,
dein Herz schlägt wie ein Pferdefuß
in der linken Wade.

Droben auf dem Apfelbaume,
der sehr süße Birnen trug,
hing des Frühlings letzte Pflaume
und an Nüssen noch genug.

Volksgut

'Ne Kuh, die saß im Schwalbennest
mit sieben jungen Ziegen,
die feierten ein Jubelfest
und fingen an zu fliegen.
Der Esel zog Pantoffeln an,
ist übers Haus geflogen,
und wenn das nicht die Wahrheit ist,
so ist es doch gelogen.

Volksgut

Eine groteske Ballade

Drei Hasen tanzen im Mondschein
im Wiesenwinkel am See:
Der eine ist ein Löwe,
der andre eine Möwe,
der dritte ist ein Reh.

Wer fragt, der ist gerichtet,
hier wird nicht kommentiert,
hier wird an sich gedichtet;
doch fühlst du dich verpflichtet,
erheb' sie ins Geviert
und füge dazu den Purzel
von einem Purzelbaum,
und zieh' aus dem Ganzen die Wurzel
und träum' den Extrakt als Traum.

Dann wirst du die Hasen sehen
im Wiesenwinkel am See,
wie sie auf silbernen Zehen
im Mond sich wunderlich drehen
als Löwe, Möwe und Reh.

Christian Morgenstern (1871–1914)

Eine seltsame Kaffeegesellschaft

Die Witwe Frau von Gänseschwein,
die lud sich die Gesellschaft ein,
die neulich auf dem Forsthaus war
bei einem Kaffee wunderbar.
Es sitzen da an einem Tisch:
Herr Fischent und Frau Entenfisch,
Herr Hahnenhund, Frau Schnauzerhuhn,
die wollen sich recht gütlich tun,
dazu kommt noch Frau Schlangenspatz,
mit ihrem Freund Herrn Rattenkatz.
Sie trinken viele Tassen leer,
es schmeckt der gute Kuchen sehr.
Dann lecken sie die Teller rein
und putzen sich die Mäuler fein,
sie grüßen sich und sagen:
„Auf Wiedersehen in acht Tagen!"

Heinrich Hoffmann (1809–1894)

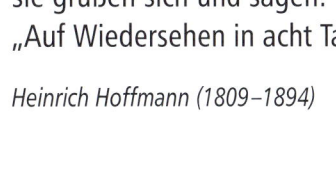

Vergnügliches

Bumerang

War einmal ein Bumerang,
war ein Weniges zu lang.
Bumerang flog ein Stück,
aber kam nicht mehr zurück.
Publikum – noch stundenlang –
wartete auf Bumerang.

Joachim Ringelnatz (1883–1934)

Im Park

Ein ganz kleines Reh stand am ganz kleinen Baum,
still und verklärt wie im Traum.
Das war des Nachts, elf Uhr zwei.
Und dann kam ich um vier
morgens wieder vorbei,
und da träumte noch immer das Tier.
Nun schlich ich mich leise – ich atmete kaum –
gegen den Wind an den Baum,
und gab dem Reh einen ganz kleinen Stips.
Und da war es aus Gips.

Joachim Ringelnatz (1883–1934)

Logik

Die Nacht war kalt und sternenklar,
da trieb im Meer bei Norderney
ein Suahelischnurrbarthaar –
die nächste Schiffsuhr wies auf drei.

Mir scheint da mancherlei nicht klar:
Man fragt doch, wenn man Logik hat,
was sucht ein Suahelihaar
denn nachts um drei am Kattegatt?

Joachim Ringelnatz (1883–1934)

Vergnügliches

Ein Nagel saß in einem Stück Holz

Ein Nagel saß in einem Stück Holz.
Der war auf seine Gattin sehr stolz.
Die trug eine goldene Haube
und war eine Messingschraube.
Sie war etwas locker und etwas verschraubt,
sowohl in der Liebe als auch überhaupt.
Sie liebte ein Häkchen und traf sich mit ihm
in einem Astloch. Sie wurden intim.

Kurz, eines Tages entfernten sie sich
und ließen den armen Nagel im Stich.
Der arme Nagel bog sich vor Schmerz,
noch niemals hatte sein eisernes Herz
so bittere Leiden gekostet.
Bald war er beinah verrostet.
Da aber kehrte sein früheres Glück,
die alte Schraube, wieder zurück.
Sie glänzte übers ganze Gesicht.
Ja, alte Liebe, die rostet nicht!

Joachim Ringelnatz (1883–1934)

Lampe und Spiegel

„Sie faule, verbummelte Schlampe!"
sagte der Spiegel zur Lampe.
„Sie altes, schmieriges Scherbenstück!"
gab die Lampe dem Spiegel zurück.

Der Spiegel in seiner Erbitterung
bekam einen ganz gewaltigen Sprung.
Der zornigen Lampe verging die Puste:
Sie fauchte, rauchte, schwelte und rußte.

Das Stubenmädchen ließ beide in Ruhe
und doch – man schob ihr die Schuld in die Schuhe.

Joachim Ringelnatz (1883–1934)

Vergnügliches

Ohrwurm und Taube

Der Ohrwurm mochte die Taube nicht leiden,
sie hasste den Ohrwurm ebenso.
Da trafen sich eines Tages die beiden
in einer Straßenbahn irgendwo.

Sie schüttelten sich erfreut die Hände
und lächelten liebenswürdig dabei,
und sagten einander ganze Bände
von übertriebener Schmeichelei.

Doch beide wünschten sie sich im Stillen,
der andre möge zum Teufel gehn,
und da es geschah nach ihrem Willen,
so gab es beim Teufel ein Wiedersehn.

Joachim Ringelnatz (1883–1934)

Das Schlüsselloch

Das Schlüsselloch, das im Haupttor saß,
erlaubte sich nachts einen Spaß.
Es nahten Studenten
mit Schlüsseln in Händen.
Da dachte das listige Schlüsselloch:
Ich will mich verstecken,
um sie zu necken!
Worauf es sich wirklich seitwärts verkroch.
Alsbald nun tasteten die Studenten
suchend,
fluchend,
mit Händen
an Wänden.
Und weil sie nichts fanden, zogen sie weiter.
Schlüsselloch lachte heiter.

(Die Herren erreichten ihr Zimmer nimmer.
Eigentlich war die Sache noch schlimmer.
Ich selbst war nämlich bei den Studenten –
doch lassen wir es dabei bewenden.)

Joachim Ringelnatz (1883–1934)

Vergnügliches

Sie war ein Blümlein

Sie war ein Blümlein hübsch und fein,
hell aufgeblüht im Sonnenschein.
Er war ein junger Schmetterling,
der selig an der Blume hing.

Oft kam ein Bienlein mit Gebrumm
und nascht und säuselt da herum.
Oft kroch ein Käfer, kribbelkrab,
am hübschen Blümlein auf und ab.

Ach Gott, wie das dem Schmetterling
so schmerzlich durch die Seele ging.
Doch was am meisten ihn entsetzt,
das Allerschlimmste kam zuletzt:
Ein alter Esel fraß die ganze
von ihm so heiß geliebte Pflanze.

Wilhelm Busch (1832–1908)

38

Die Trichter

Zwei Trichter wandeln durch die Nacht.
Durch ihres Rumpfes verengten Schacht
fließt weißes Mondlicht
still und heiter
auf ihren
Wald-
weg
u.s.
w.

Christian Morgenstern (1871–1934)

Vergnügliches

Närrische Träume

Heute Nacht träumte mir, ich hielt
den Mond in der Hand,
wie eine große, gelbe Kegelkugel,
und schob ihn ins Land,
als gält' es alle Neune.
Er warf einen Wald um,
eine alte Scheune,
zwei Kirchen mitsamt den Küstern, o weh,
und rollte in die See.

Heute Nacht träumte mir, ich warf
den Mond ins Meer.
Die Fische all erschraken, und die Wellen
spritzten umher
und löschten alle Sterne.
Und eine Stimme, ganz aus der Ferne,
schalt: „Wer pustet mir mein Licht aus?
Jetzt ist's dunkel im Haus!"

Heute Nacht träumte mir, es war
rabenfinster rings.
Da kam was leise auf mich
zugegangen,
wie auf Zehen ging's.
Da wollt' ich mich verstecken,
stolperte über den Wald,
über die Scheune vor Schrecken,
über die Kirchen mitsamt den Küstern, o weh,
und fiel in die See.

Heute Nacht träumte mir, ich sei
der Mond im Meer.
Die Fische alle glotzten und standen
im Kreis umher.
So lag ich seit Jahren,
sah über mir hoch die Schiffe fahren
und dacht', wenn jetzt wer über Bord sich biegt
und sieht, wer hier liegt,
zwischen Schollen und Flundern,
wie wird der sich wundem!

Gustav Falke (1853–1916)

Das Gespenst

Gewöhnlich kommt es, wenn die Lichter brennen.
Es poltert mit den Tellern und den Tassen,
auf roten Schuhen schlurft es in den nassen
geschwenkten Nächten und man hört sein Flennen.

Von Zeit zu Zeit scheint es umherzurennen
mit Trumpf, Atout und ausgespielten Assen.
Auf Seil und Räder scheint es aufzupassen
und ist an seinem Lärmen zu erkennen.

Es ist beschäftigt in der Gängelschwemme
und hochweiß weht dann seine erzene Haube,
auf seinen Fingern zittern Hahnenkämme.

Mit schrillen Glocken kugelt es im Staube.
Dann reißen plötzlich alle wehen Dämme
und aus der Kuckucksuhr tritt eine Taube.

Hugo Ball (1886–1927)

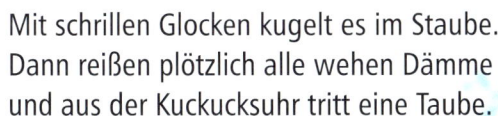

Pfannkuchen und Salat

Von Fruchtomeletts, da mag berichten
ein Dichter aus den höhern Schichten.
Wir aber, ohne Neid nach oben,
mit bürgerlicher Zunge loben
uns Pfannekuchen und Salat.
Wie unsre Liese delikat
so etwas backt und zubereitet,
sei hier in Worten angedeutet:

Drei Eier, frisch und ohne Fehl,
und Milch und einen Löffel Mehl,
die quirlt sie fleißig durcheinand'
zu einem innigen Verband.
Sodann, wenn Tränen auch ein Übel,
zerstückelt sie und mengt die Zwiebel
mit Öl und Salz zu einer Brühe,
dass der Salat sie an sich ziehe.

Um diesen ferner herzustellen,
hat sie Kartoffeln abzupellen.
Da heißt es, fix die Finger brauchen,
den Mund zu spitzen und zu hauchen,
denn heiß geschnitten nur allein
kann der Salat geschmeidig sein.
Hierauf so geht es wieder heiter
mit unserm Pfannekuchen weiter.

Nachdem das Feuer leicht geschürt,
die Pfanne sorgsam auspoliert,
der Würfelspeck hineingeschüttelt,
sodass es lustig brät und brittelt,
pisch, kommt darüber mit Gezisch
das ersterwähnte Kunstgemisch.
Nun zeigt besonders und apart
sich Lieschens Geistesgegenwart.

Denn nur zu bald, wie allbekannt,
ist solch ein Kuchen angebrannt.
Sie prickelt ihn, sie stockert ihn,
sie rüttelt, schüttelt, lockert ihn
und lüftet ihn, bis augenscheinlich
die Unterseite eben bräunlich,
die umgekehrt geschickt und prompt
jetzt ihrerseits nach oben kommt.

Geduld, es währt nur noch ein bissel,
dann liegt der Kuchen auf der Schüssel.
Doch späterhin die Einverleibung,
wie die zu Mund und Herzen spricht,
das spottet jeglicher Beschreibung,
und darum endet das Gedicht.

Wilhelm Busch (1832–1908)

Die Schnupftabakdose

Es war eine Schnupftabakdose,
die hatte Friedrich der Große
sich selbst geschnitzt aus Nussbaumholz.
Und darauf war sie natürlich stolz.

Da kam ein Holzwurm gekrochen,
der hatte Nussbaum gerochen.
Die Dose erzählte ihm lang und breit
von Friedrich dem Großen und seiner Zeit.

Sie nannte den Alten Fritz generös.
Da aber wurde der Holzwurm nervös
und sagte, indem er zu bohren begann:
„Was geht mich Friedrich der Große an!"

Joachim Ringelnatz (1883–1934)

44

Tierisches

Das Würmsche von Frankfurt

Saß ein Würmsche
uf en Türmsche
mit nem Schirmsche
unterm Ärmsche
kam ein Stürmsche
blies das Würmsche
mit dem Schirmsche
unterm Ärmsche
… vom Türmsche.

Volksgut aus Hessen

Spatz und Katze

„Wo wirst du denn den Winter bleiben?",
sprach zum Spätzchen das Kätzchen.
„Hier und dorten, allerorten",
sprach gleich wieder das Spätzchen.
„Wo wirst du denn zu Mittag essen?",
sprach zum Spätzchen das Kätzchen.
„Auf den Tennen mit den Hennen",
sprach gleich wieder das Spätzchen.
„Wo wirst du denn die Nachtruh' halten?",
sprach zum Spätzchen das Kätzchen.
„Lass dein Fragen, will's nicht sagen",
sprach gleich wieder das Spätzchen.
„Ei, sag mir's doch, du liebes Spätzchen!",
sprach zum Spätzchen das Kätzchen.
„Willst mich holen – Gott befohlen!"
Fort flog eilig das Spätzchen.

Hoffmann von Fallersleben (1798–1874)

Gladderadatsch

Es hatte ein Igel sich geckenhaft und blasiert
am ganzen Körper von oben bis unten rasiert,
weil er abstechen wollte.
Stach auch wirklich ab. Da nahte ein Fuchs.
Worauf der Igel sich igelartig zusammenrollte,
aber der Fuchs verschluckte ihn flugs.
Igel bat Fuchsen, ihn doch wieder auszubrechen;
er sei ein Igel und könne empfindlich stechen.
Und mittels bauchrhetorischer Worte
sprach der Fuchs: „Sie müssen mir verzeihn.
Ich hielt sie für ein kindliches Schwein,
werde nun aber sofort sie befrein.
Wenn ich bitten darf – durch die Hinterpforte."
Der Igel gab keinen Laut
mehr von sich. Er war schon verdaut.

Joachim Ringelnatz (1883–1934)

48

Stumpfsinnsverse

Auf das Kamel
sieh niemals scheel,
am Herzen, da lass' es dir liegen,
von früh bis spat.
Zwei Höcker es hat,
mit dem Schwanz vertreibt es die Fliegen.

Der Papagei
macht viel Geschrei,
und manchmal, da ist er auch stille.
Die Mamagei,
sie legt ihr Ei
und gebraucht dazu keine Brille.

Ach, wie so brav
ist doch das Schaf,
von allen Tieren auf Erden.
Es zeichnet sich aus,
jahrein und jahraus,
durch Stumpfsinn und heit're Gebärden.

Das Zebra ist,
wie alle ihr wisst,
eins der gestreiftesten Tiere.
Es hat nicht zwei,
nicht Beine drei,
es hat ja der Beine viere.

Der Ziegelstein
ist nie allein,
man findet ihn meistens zu vielen,
und ist er allein,
so ist er wahrschein-
lich irgendwo liegen geblieben.

Hermann von Lingg (1820–1905)

49

Tierisches

Das Krokodil zu Singapur

Im heil'gen Teich zu Singapur,
da liegt ein altes Krokodil
von äußerst grämlicher Natur
und kaut an einem Lotosstil.
Es ist ganz alt und völlig blind,
und wenn es einmal friert des Nachts,
so weint es wie ein kleines Kind.
Doch wenn ein schöner Tag ist, lacht's.

Joachim Ringelnatz (1883–1934)

Die Feder

Ein Federchen flog durch das Land,
ein Nilpferd schlummerte im Sand.
Die Feder sprach: „Ich will es wecken!"
Sie liebte, andere zu necken.
Aufs Nilpferd setzte sich die Feder
und streichelte sein dickes Leder.
Das Nilpferd sperrte auf den Rachen
und musste ungeheuer lachen.

Joachim Ringelnatz (1883–1934)

50

Das Huhn und der Karpfen

Auf einer Meierei,
da war einmal ein braves Huhn.
Das legte, wie die Hühner tun,
an jedem Tag ein Ei.
Und kakelte,
mirakelte,
spektakelte,
als ob's ein Wunder sei.

Es war ein Teich dabei,
darin ein braver Karpfen saß
und stillvergnügt sein Futter fraß.
Der hörte das Geschrei:
Wie's kakelte,
mirakelte,
spektakelte,
als ob's ein Wunder sei.

Da sprach der Karpfen: „Ei!
Alljährlich leg' ich 'ne Million
und rühm' mich dess' mit keinem Ton.
Wenn ich um jedes Ei
so kakelte,
mirakelte,
spektakelte –
was gäb's für ein Geschrei!"

Heinrich Seidel (1842–1906)

Die Gäste der Buche

Mietegäste vier im Haus
hat die alte Buche:
Tief im Keller wohnt die Maus,
nagt am Hungertuche.

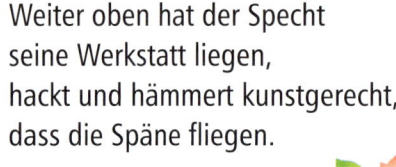

Stolz auf seinen roten Rock
und gesparten Samen,
sitzt ein Protz im ersten Stock,
Eichhorn ist sein Namen.

Weiter oben hat der Specht
seine Werkstatt liegen,
hackt und hämmert kunstgerecht,
dass die Späne fliegen.

Auf dem Wipfel im Geäst
pfeift ein winzig kleiner
Musikante froh im Nest.
Miete zahlt nicht einer.

Rudolf Baumbach (1840–1905)

Die Ameisen

In Hamburg lebten zwei Ameisen,
die wollten nach Australien reisen.
Bei Altona auf der Chaussee
da taten ihnen die Beine weh.
Und da verzichteten sie weise
auf den letzten Teil der Reise.

Moral:
So will man oft und kann doch nicht
und leistet dann recht gern Verzicht.

Joachim Ringelnatz (1883–1934)

Rabenschnabel-schnupfen

Die Raben haben Schnabelschnupfen
und scheinen gar nicht wohl zu sein.
In Tücher mit und ohne Tupfen
verpacken sie sich sorgsam ein.

Die Sache ist durchaus bedenklich,
wie man hier leider, leider sieht.
Und auch die Kinder scheinen kränklich
und von erkältetem Gemüt.

Oh, schont euch, hütet euch zu hupfen
und bleibt im Neste weich gewiegt,
dass ihr zum Rabenschnabelschnupfen
nicht auch das Krallenrheuma kriegt!

Manfred Kyber (1880–1933)

Tierisches

Drei Spatzen

In einem leeren Haselstrauch,
da sitzen drei Spatzen, Bauch an Bauch.
Der Erich rechts und links der Franz
und mittendrin der freche Hans.

Sie haben die Augen zu, ganz zu,
und obendrüber, da schneit es, hu!
Sie rücken zusammen dicht, ganz dicht.
So warm wie der Hans hat's niemand nicht.
Sie hör'n alle drei ihrer Herzlein Gepoch.
Und wenn sie nicht weg sind, so sitzen sie noch.

Christian Morgenstern (1871–1914)

Das ästhetische Wiesel

Ein Wiesel
saß auf einem Kiesel
inmitten Bachgeriesel.
Wisst ihr weshalb?
Das Mondkalb
verriet es mir
im Stillen:
Das raffinierte Tier
tat's um des Reimes willen.

Christian Morgenstern (1871–1914)

Tierisches

Es geht ein Mann durch Föhren

Es geht ein Mann durch Föhren,
sein Schritt ist kaum zu hören.
Doch geht der Gute mit dem Wind!
Drum merkt das kleinste Hasenkind
mit seinem Schnuppernäschen:
Es kommt ein Feind für's Häschen!

Christian Morgenstern (1871–1914)

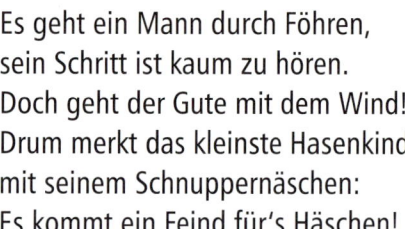

An einem Teiche

An einem Teiche
schlich eine Schleiche,
eine Blindschleiche sogar.
Da trieb ein Etwas ans Ufer im Wind.
Die Schleiche sah nicht was es war,
denn sie war blind.

Das dunkle Etwas aber war die Kindsleiche
einer Blindschleiche.

Joachim Ringelnatz (1883–1934)

Übergewicht

Es stand nach einem Schiffsuntergange
eine Briefwaage auf dem Meeresgrund.
Ein Walfisch betrachtete sie bange,
beroch sie dann lange,
hielt sie für ungesund,
ließ alle Achtung und Luft aus dem Leibe,
senkte sich auf die Wiegescheibe
und sah – nach unten schielend – verwundert:
Die Waage zeigte über Hundert.

Joachim Ringelnatz (1883–1934)

Tierisches

Der Esel

Es stand vor eines Hauses Tor
ein Esel mit gespitztem Ohr,
der käute sich sein Bündel Heu
gedankenvoll und still entzwei.

Nun kommen da und bleiben stehn
der naseweisen Buben zween,
die auch sogleich, indem sie lachen,
verhasste Redensarten machen,
womit man denn bezwecken wollte,
dass sich der Esel ärgern sollte.

Doch dieser hocherfahr'ne Greis
beschrieb nur einen halben Kreis,
verhielt sich stumm und zeigte itzt
die Seite, wo der Wedel sitzt.

Wilhelm Busch (1832–1908)

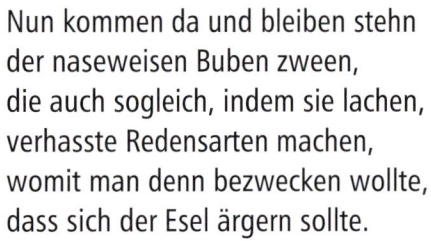

58

Es sitzt ein Vogel auf dem Leim

Es sitzt ein Vogel auf dem Leim,
er flattert sehr und kann nicht heim.
Ein schwarzer Kater schleicht herzu,
die Krallen scharf, die Augen gluh.
Am Baum hinauf und immer höher
kommt er dem armen Vogel näher.
Der Vogel denkt: Weil das so ist
und weil mich doch der Kater frisst,
so will ich keine Zeit verlieren,
will noch ein wenig quinquilieren
und lustig pfeifen wie zuvor.
Der Vogel, scheint mir, hat Humor.

Wilhelm Busch (1832–1908)

Tierisches

Der Sack und die Mäuse

Ein dicker Sack voll Weizen stand
auf einem Speicher an der Wand.
Da kam das schlaue Volk der Mäuse
und pfiff ihn an in dieser Weise:
„Oh, du da in der Ecke,
Großmächtigster der Säcke!
Du bist ja der Gescheit'ste,
der Dickste und der Breit'ste!
Respekt und Referenz
vor eurer Exzellenz!"
Mit innigem Behagen hört
der Sack, dass man ihn so verehrt.

Ein Mäuslein hat ihm unterdessen
ganz unbemerkt ein Loch gefressen.
Es rinnt das Korn in leisem Lauf.
Die Mäuse knuspern's emsig auf.
Schon wird er faltig, krumm und matt,
die Mäuse werden fett und glatt.
Zuletzt, man kennt ihn kaum noch mehr,
ist er kaputt und hohl und leer.
Erst ziehn sie ihn von seinem Thron,
ein jedes Mäuslein spricht ihm Hohn.
Und jedes, wie es geht, so spricht's:
„Empfehle mich, Herr Habenichts!"

Wilhelm Busch (1832–1927)

Die Mitternachtsmaus

Wenn's mitternächtigt und nicht Mond
noch Stern das Himmelshaus bewohnt,
läuft zwölfmal durch das Himmelshaus,
die Mitternachtsmaus.

Sie pfeift auf ihrem kleinen Maul,
im Traume brüllt der Höllengaul,
doch ruhig läuft ihr Pensum aus,
die Mitternachtsmaus.

Ihr Herr, der große weiße Geist,
ist nämlich solche Nacht verreist.
Wohl ihm! Es hütet sein Haus,
die Mitternachtsmaus.

Christian Morgenstern (1871–1914)

Der tugendhafte Hund

Ein Pudel, der mit gutem Fug
den schönen Namen Brutus trug,
war vielberühmt im ganzen Land
ob seiner Tugend und seinem Verstand.
Er war ein Muster der Sittlichkeit,
der Langmut und Bescheidenheit.
Man hörte ihn loben, man hörte ihn preisen
als einen vierfüßigen Nathan den Weisen.

Er war ein wahres Hundejuwel!
So ehrlich und treu! Eine schöne Seel'!
Auch schenkte sein Herr in allen Stücken
ihm volles Vertrauen, er konnte ihn schicken
sogar zum Fleischer. Der edle Hund
trug dann einen Hängekorb im Mund,
worin der Metzger das schön gehackte
Rindfleisch, Schaffleisch, auch Schweinefleisch packte.

Wie lieblich und lockend das Fett gerochen,
der Brutus berührte keinen Knochen,
und ruhig und sicher, mit stoischer Würde,
trug er nach Hause die kostbare Bürde.
Doch unter den Hunden wird gefunden
auch eine Menge von Lumpenhunden
Wie – unter uns – gemeine Köter,
Tagdiebe, Neidharde, Schwerenöter,
die ohne Sinn für sittliche Freuden
im Sinnenrausch ihr Leben vergeuden!

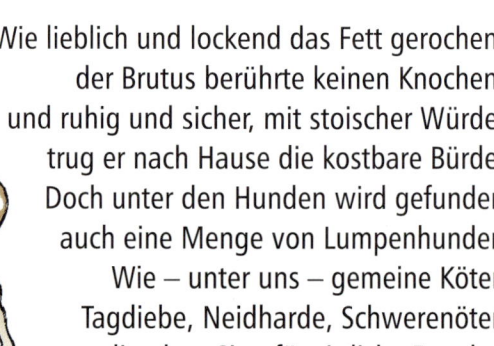

Verschworen hatten sich solche Racker
gegen den Brutus, der treu und wacker,
mit seinem Korb im Maule, nicht
gewichen von dem Pfad der Pflicht.
Und eines Tages, als er kam
vom Fleischer und seinen Rückweg nahm
nach Hause, da ward er plötzlich von allen
verschwornen Bestien überfallen.
Da ward ihm der Korb mit dem Fleisch entrissen,
da fielen zu Boden die leckersten Bissen,
und fraßbegierig über die Beute
warf sich die ganze hungrige Meute.

Brutus sah anfangs dem Schauspiel zu,
mit philosophischer Seelenruh'.
Doch als er sah, dass solchermaßen
sämtliche Hunde schmausten und fraßen,
da nahm auch er an der Mahlzeit teil
und speiste selbst eine Schöpsenkeul'.

Moral:
Auch du, mein Brutus, auch du, du frisst?
So ruft wehmütig der Moralist.
Ja, böses Beispiel kann verführen,
und, ach!, gleich allen Säugetieren,
nicht ganz und gar vollkommen ist
der tugendhafte Hund – er frisst!

Heinrich Heine (1797–1856)

Tierisches

Der Nachtschelm und das Siebenschwein
oder
Eine glückliche Ehe

Der Nachtschelm und das Siebenschwein,
die gingen eine Ehe ein,
   o wehe!
Sie hatten dreizehn Kinder, und
davon eins der Schluchtenhund,
zwei andre waren Rehe.
Das Vierte war die Rabenmaus,
das Fünfte war ein Schneck samt Haus,
   o Wunder!
Das Sechste war ein Käuzelein,
das Siebte war ein Siebenschwein
und lebte in Burgunder.
Acht war ein Gürteltier nebst Gurt,
neun starb sofort nach der Geburt,
   o wehe!
Von zehn bis dreizehn ist nicht klar,
doch wie dem auch gewesen war,
es war eine glückliche Ehe!

Christian Morgenstern (1871–1914)

Fink und Frosch

Auf leichten Schwingen frei und flink
zum Lindenwipfel flog der Fink,
und sang an dieser hohen Stelle
sein Morgenlied so glockenhelle.
Ein Frosch, ein dicker, der im Grase
am Boden hockt, erhob die Nase,
strich selbstgefällig seinen Bauch
und denkt: Die Künste kann ich auch.

Alsbald am rauen Stamm der Linde
begann er, wenn auch nicht geschwinde,
doch mit Erfolg emporzusteigen,
bis er zuletzt von Zweig zu Zweigen,
wobei er freilich etwas keucht,
den höchsten Wipfelpunkt erreicht
und hier sein allerschönstes Quaken
ertönen lässt aus vollen Backen.

Der Fink, dem dieser Wettgesang
nicht recht gefällt, entfloh und schwang
sich auf das steile Kirchendach.
„Wart", rief der Frosch, „ich komme nach".

Und richtig ist er fortgeflogen,
das heißt, nach unten hin im Bogen,
sodass er schnell und ohne Säumen,
nach mehr als zwanzig Purzelbäumen,
zur Erde kam mit lautem Quak,
nicht ohne großes Unbehagen.

Er fiel zum Glück auf seinen Magen,
den dicken, weichen Futtersack,
sonst hätt' er sicher sich verletzt.
Heil ihm! Er hat es durchgesetzt.

Wilhelm Busch (1832–1908)

Die Meise

Kopfüber, kopfunter, zweigab und zweigauf!
Ein lustiges kleines Ding,
und immer geschwätzig und flink,
und immer obenauf!

Denn ob die ganze Welt vereist,
sie findet den Tisch gedeckt:
Hier wird ein Körnchen geschleckt,
und dort ein Püppchen verspeist.

„Zizidä, zizidä! Der Frühling ist da!"
So ruft sie im knospenden Wald,
und wehn auch die Winde noch kalt,
sie weiß es, glaubt es nur ja!

Sie hat in das Herz der Knospe gesehn,
in die Wiege von Blume und Grün,
sie weiß: Bald wird es nun blühn,
und die Welt in Veilchen stehn.

Heinrich Seidel (1842–1906)

Die Amsel

Wie tönt an Frühlingstagen
so schwermutsreich und hold
der Amsel lautes Schlagen
ins stille Abendgold.

Es schimmert an den Zweigen
ein zartverhülltes Grün,
die jungen Säfte steigen,
und es beginnt zu blühn.

Doch nicht mit Jubeltönen
begrüßt die Amsel nun
die Tage, jene schönen,
die in der Zukunft ruhn.

Es klingt wie Leides Ahnung,
sie singt im schwarzen Kleid
schon jetzt die trübe Mahnung,
wie kurz die schöne Zeit.

Heinrich Seidel (1842–1906)

Der Sperling und das Känguru

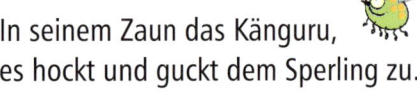

In seinem Zaun das Känguru,
es hockt und guckt dem Sperling zu.

Der Sperling sitzt auf dem Gebäude,
doch ohne sonderliche Freude.

Vielmehr, er fühlt, den Kopf geduckt,
wie ihn das Känguru beguckt.

Der Sperling sträubt den Federflaus,
die Sache ist auch gar zu kraus.

Ihm ist, als ob er kaum noch säße,
wenn nun das Känguru ihn fräße?!

Doch dieses dreht nach einer Stunde
den Kopf aus irgendeinem Grunde,

vielleicht auch ohne tiefern Sinn,
nach einer andern Richtung hin.

Christian Morgenstern (1871–1914)

Ausfahrt

Schlitten vorm Haus,
steig ein, kleine Maus,
zwei Kätzchen davor,
so geht's durchs Tor,
zwei Kätzchen dahinter,
so geht's durch den Winter.

Hinein ins Feld,
wie weiß ist die Welt,
auf einmal, o weh,
kleine Maus liegt im Schnee,
kleine Maus liegt im Graben,
wer will sie haben?

Schlitten vorm Haus,
wo blieb kleine Maus?
Die Kätzchen, miau,
die wissen's genau:
„Hat nicht still gesessen,
da haben wir's gefressen."

Gustav Falke (1853–1916)

Tierisches

Grashüpfer

Grashüpfer sitzt im hohen Gras
und zirpt und zirpt und denkt sich was
und denkt: „Wie sing' ich doch so schön!"
Mistkäfer fliegt mit viel Getön'
vergnüglich um den Mist herum –
freut sich über sein schönes Gebrumm.
Sitzt auch ein Frosch im kühlen Rohr,
dem kommt sein Quack recht fürnehm vor.
Ein jeder denkt in seinem Sinn:
„Was für ein künstlich Vieh ich bin!"
Spottet wohl gar des andren Gesang –
das ist so ganz der natürliche Gang.

Heinrich Seidel (1842–1906)

Der frühe Schmetterling

Kleiner goldner Schmetterling,
ach, du kamst so früh heraus
und nun irrst du armes Ding
in die leere Welt hinaus.

Keine Blume kam hervor,
und kein Glöckchen lässt sich sehn –
Schmetterling, du armer Tor,
du musst untergehn.

Und ich schaute unverwandt,
wie er schwankte, suchend, irr,
bis sein goldner Schimmer schwand
in dem öden Zweiggewirr.

Heinrich Seidel (1842–1906)

Hund und Katze

Miezel, eine schlaue Katze,
Molly, ein begabter Hund,
wohnhaft an demselben Platze,
hassten sich aus Herzensgrund.

Schon der Ausdruck ihrer Mienen,
bei gesträubter Haarfrisur,
zeigt es deutlich: Zwischen ihnen
ist von Liebe keine Spur.

Doch wenn Miezel in dem Baume,
wo sie meistens hin entwich,
friedlich dasitzt, wie im Traume,
dann ist Molly außer sich.

Beide lebten in der Scheune,
die gefüllt mit frischem Heu.
Alle beide hatten Kleine,
Molly zwei und Miezel drei.

Einst zur Jagd ging Miezel wieder
auf das Feld. Da geht es: Bumm.
Der Herr Förster schoss sie nieder,
ihre Lebenszeit ist um.

Oh, wie jämmerlich miauen
die drei Kinderchen daheim.
Molly eilt, sie zu beschauen,
und ihr Herz geht aus dem Leim.

Und sie trägt sie kurz entschlossen
zu der eignen Lagerstatt,
wo sie nunmehr fünf Genossen
an der Brust zu Gaste hat.

Mensch mit traurigem Gesichte,
sprich nicht nur von Leid und Streit.
Selbst in Brehms Naturgeschichte
findet sich Barmherzigkeit.

Wilhelm Busch (1832–1908)

Das faule Krokodil

Es war ein faules Krokodil,
das lag zwei Monate ganz still.
Dann schlief es sieben Jahre ein
und schließlich schien es tot zu sein.

Joachim Ringelnatz (1883–1934)

Möwenlied

Die Möwen sehen alle aus,
als ob sie Emma hießen.
Sie tragen einen weißen Flaus
und sind mit Schrot zu schießen.

Ich schieße keine Möwe tot,
ich lass sie lieber leben –
und fütt're sie mit Roggenbrot
und rötlichen Zibeben.

O Mensch, du wirst nie nebenbei
der Möwe Flug erreichen.
Wofern du Emma heißest, sei
zufrieden, ihr zu gleichen.

Christian Morgenstern (1871–1914)

Tierisches

Vom Hering

Der Hering ist ein salzig Tier,
er kommt an vielen Orten für.
Wer Kopf und Schwanz kriegt, hat kein Glück,
am besten ist das Mittelstück.

Es gibt auch eine saure Art,
in Essig wird sie aufbewahrt.
Geräuchert ist er alle Zeit
ein Tier von großer Höflichkeit.

Wer niemals einen Hering aß,
wer nie durch ihn von Qual genas,
wenn er mit Höllenpein erwacht,
der kennt nicht seine Zaubermacht!

Drum preiset ihn zu jeder Zeit,
der sich der Menschheit Wohl geweiht,
der heilet, was uns elend macht,
dem Hering sei ein Hoch gebracht!

Heinrich Seidel (1842–1906)

Schmetterlingslied

Es blühen die Blumen in buntem Schein,
sie laden zum Flattern und Kosen uns ein!
So lieblich ihr Duft!
So linde die Luft!
Vergessen ist gestern
und morgen ist weit!
Lasst heut' uns genießen
die goldene Zeit!

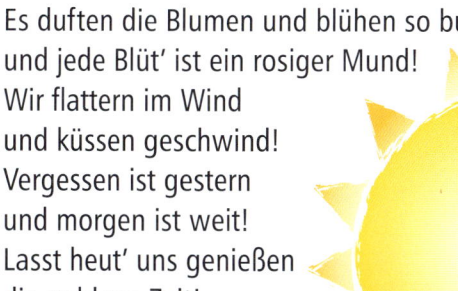

Es duften die Blumen und blühen so bunt,
und jede Blüt' ist ein rosiger Mund!
Wir flattern im Wind
und küssen geschwind!
Vergessen ist gestern
und morgen ist weit!
Lasst heut' uns genießen
die goldene Zeit!

Heinrich Seidel (1842–1906)

Heimatlose

Ich bin fast
gestorben vor Schreck:
In dem Haus, wo ich zu Gast
war, im Versteck,
bewegte sich,
regte sich,
plötzlich hinter einem Brett
in einem Kasten neben dem Klosett,
ohne Beinchen,
stumm, fremd und nett
ein Meerschweinchen.
Sah mich bange an,
sah mich lange an,
sann wohl hin und sann her,
wagte sich
dann heran
und fragte mich:
„Wo ist das Meer?"

Joachim Ringelnatz (1883–1934)

Quer durchs Jahr

Frühling

Frühling lässt sein blaues Band
wieder flattern durch die Lüfte.
Süße, wohlbekannte Düfte
streifen ahnungsvoll das Land.
Veilchen träumen schon,
wollen balde kommen.
Horch, von fern ein leiser Harfenton!
Frühling, ja du bist's!
Dich hab ich vernommen!

Eduard Mörike (1804–1875)

April

Das ist die Drossel, die da schlägt,
der Frühling, der mein Herz bewegt.
Ich fühle, die sich hold bezeigen,
die Geister aus der Erde steigen.
Das Leben fließet wie ein Traum –
mir ist wie Blume, Blatt und Baum.

Theodor Storm (1817–1888)

Quer durchs Jahr

Vom Eise befreit sind Strom und Bäche
durch des Frühlings holden, belebenden Blick.
Im Tale grünet Hoffnungsglück.
Der alte Winter, in seiner Schwäche,
zog sich in raue Berge zurück.
Von dorther sendet er, fliehend, nur
ohnmächtige Schauer kornigen Eises
in Streifen über die grünende Flur.
Aber die Sonne duldet kein Weißes,
überall regt sich Bildung und Streben,
alles will sie mit Farben beleben.
Doch an Blumen fehlt's im Revier
sie nimmt geputzte Menschen dafür.

Kehre dich um, von diesen Höhen
nach der Stadt zurückzusehen.
Aus dem hohlen finstern Tor
dringt ein buntes Gewimmel hervor.
Jeder sonnt sich heute so gern.
Sie feiern die Auferstehung des Herrn,
denn sie sind selber auferstanden,
aus niedriger Häuser dumpfen Gemächern,
aus Handwerks- und Gewerbesbanden,
aus dem Druck von Giebeln und Dächern,
aus der Straßen quetschender Enge,
aus der Kirchen ehrwürdiger Nacht
sind sie alle ans Licht gebracht.

Sieh nur, sieh! Wie behänd' sich die Menge
durch die Gärten und Felder zerschlägt,
wie der Fluss, in Breit' und Länge
so manchen lustigen Nachen bewegt,
und bis zum Sinken überladen
entfernt sich dieser letzte Kahn.

Selbst von des Berges fernen Pfaden
blinken uns farbige Kleider an.
Ich höre schon des Dorfes Getümmel,
hier ist des Volkes wahrer Himmel,
zufrieden jauchzet groß und klein:
Hier bin ich Mensch, hier darf ich's sein!

Johann Wolfgang von Goethe (1749–1832);
Auszug aus Faust I

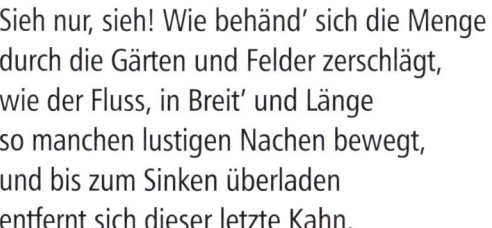

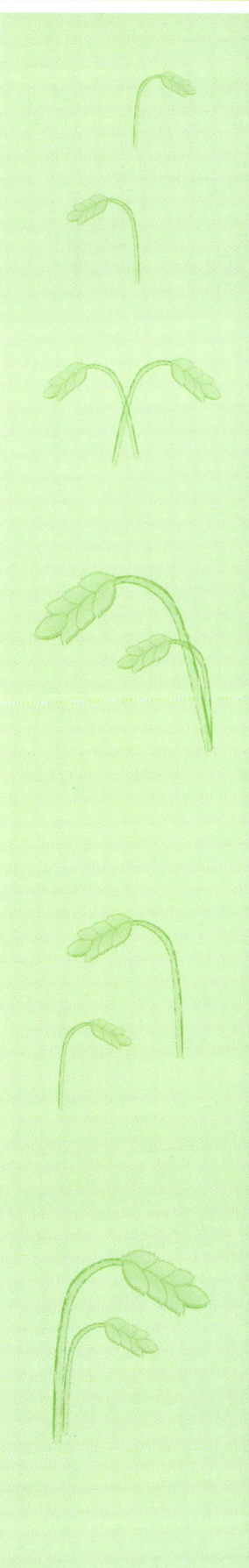

Der erste Ostertag

Fünf Hasen, die saßen
beisammen dicht,
es machte ein jeder
ein traurig' Gesicht.
Sie jammern und weinen:
Die Sonn' will nicht scheinen!
Bei so vielem Regen,
wie kann man da legen
den Kindern das Ei?

O wei, o wei!
Da sagte der König:
„So schweigt doch ein wenig!
Lasst Weinen und Sorgen,
wir legen sie morgen."

Heinrich Hoffmann (1809–1894)

Has, Has, Osterhas

Has, Has, Osterhas,
wir möchten nicht mehr warten.
Der Krokus und das Tausendschön,
Vergissmeinnicht und Tulpe stehn
schon lang in unserm Garten.

Has, Has, Osterhas,
mit deinen bunten Eiern!
Der Star lugt aus dem Kasten raus,
Blühkätzchen sitzen um sein Haus.
Wann kannst du Frühling feiern?

Has, Has, Osterhas,
ich wünsche mir das Beste:
ein großes Ei, ein kleines Ei,
dazu ein lustig Didldumdei,
und alles in dem Neste.

Paula Dehmel (1862–1918)

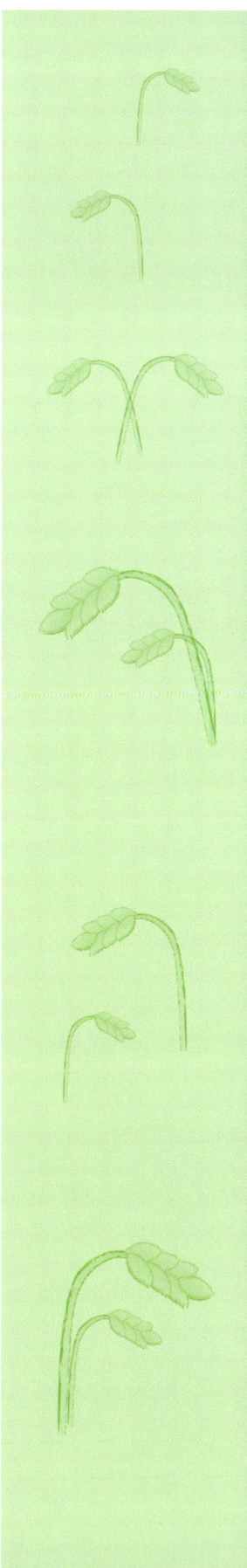

Quer durchs Jahr

Zu meiner Enk'lin Namenstag,
ihr jeder etwas bringen mag:
Der Bäcker bringt ein Kuchenbrot,
der Schneider einen Mantel rot,
der Kaufmann schickt ihr, weiß und nett,
ein Puppenkleid, ein Puppenbett,
und schickt auch eine Schachtel rund,
mit Schäfer und mit Schäferhund,
mit Hürd' und Bäumchen, paarweis' je,
und mit sechs Schafen, weiß wie Schnee.
Und eine Lerche, tirili,
seit Sonnenaufgang hör ich sie,
die singt und schmettert, was sie mag,
zu meines Lieblings Namenstag.

Theodor Storm (1817–1888)

Rumpumpels Geburtstag

Kräht der Hahn früh am Tage,
kräht laut, kräht weit:
Guten Morgen, Rumpumpel,
dein Geburtstag ist heut!

Guckt das Eichhörnchen runter:
Wenig Zeit, wenig Zeit!
Guten Morgen, Rumpumpel,
dein Geburtstag ist heut!

Kommt das Häschen gesprungen,
macht Männchen vor Freud:
Guten Morgen, Rumpumpel,
dein Geburtstag ist heut!

Steht der Kuchen auf dem Tische,
macht sich dick, macht sich breit:
Guten Morgen, Rumpumpel,
dein Geburtstag ist heut!

Und Mutter und Vater,
alle Kinder, alle Leut'
schrein: „Hoch, der Rumpumpel,
sein Geburtstag ist heut!"

Paula Dehmel (1862–1918)

85

Quer durchs Jahr

Weil heut der Tag der Mutter ist,
bring ich dir einen Strauß.
Komm, suche dir doch auch etwas
von meinem Spielzeug aus.
Ich schenke dir, was dir gefällt,
ist es mir noch so wert:
den Fußball und das Bilderbuch
und selbst mein Schaukelpferd.
Und wenn ich groß gewachsen bin
und Geld verdienen kann,
so kauf ich dir, mein Mütterlein,
das Allerbeste dann.
Ich kaufe dir dann Zuckerzeug
und Brezeln und Konfekt
und freue mich, mein Mütterlein,
wenn es dir herzlich schmeckt.

Volksgut

Papas Geburtstag

Ist kein schönerer Tag doch
in der Welt so wie heut!
Und es hat unser Herze
sich noch nie so gefreut.

Ja, wir freuen uns alle
heissa heissassa sa!
Denn es ist dein Geburtstag,
lieber, guter Papa!

Und wir wanden dir Kränze,
und wir flochten hinein
unsre innigsten Wünsche
für dein Wohl und Gedeih'n.

Sei so froh wie die Blumen,
wie die Blätter so grün!
Mag für uns, deine Lieben,
stets dein Leben so blühn!

Hoffmann von Fallersleben (1798–1874)

Ich bin der Juli

Grüß Gott! Erlaubt mir, dass ich sitze.
Ich bin der Juli, spürt ihr die Hitze?
Kaum weiß ich, was ich noch schaffen soll,
die Ähren sind zum Bersten voll.
Reif sind die Beeren, die blauen und roten,
saftig sind Rüben und Bohnen und Schoten.
So habe ich ziemlich wenig zu tun,
darf nun ein bisschen im Schatten ruhn.
Duftender Lindenbaum,
rausche den Sommertraum!
Seht ihr die Wolke? Fühlt ihr die Schwüle?
Bald bringt Gewitter Regen und Kühle.

Paula Dehmel (1862–1918)

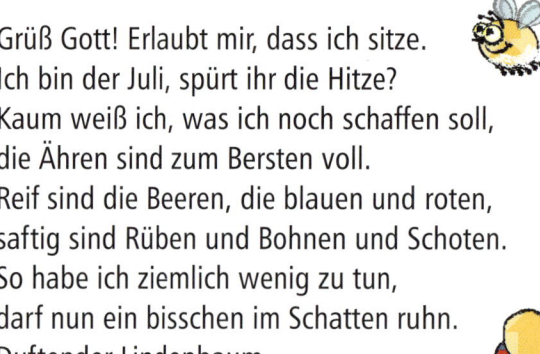

Herbst

Schon ins Land der Pyramiden
flohn die Störche übers Meer;
Schwalbenflug ist längst geschieden,
auch die Lerche singt nicht mehr.

Seufzend in geheimer Klage
streift der Wind das letzte Grün;
und die süßen Sommertage,
ach, sie sind dahin, dahin!

Nebel hat den Wald verschlungen,
der dein stillstes Glück gesehn;
ganz in Duft und Dämmerungen
will die schöne Welt vergehn.

Nur noch einmal bricht die Sonne
unaufhaltsam durch den Duft,
und ein Strahl der alten Wonne
rieselt über Tal und Kluft.

Und es leuchten Wald und Heide,
dass man sicher glauben mag,
hinter allem Winterleide
lieg' ein ferner Frühlingstag.

Theodor Storm (1817–1888)

November

Solchen Monat muss man loben:
Keiner kann wie dieser toben,
keiner so verdrießlich sein
und so ohne Sonnenschein!
Keiner so in Wolken maulen,
keiner so mit Sturmwind graulen!
Und wie nass er alles macht!
Ja, es ist die wahre Pracht.

Seht das schöne Schlackerwetter!
Und die armen welken Blätter,
wie sie tanzen in dem Wind
und so ganz verloren sind!
Wie der Sturm sie jagt und zwirbelt
und sie durcheinander wirbelt
Und sie hetzt ohn' Unterlass:
Ja, das ist Novemberspaß!

Und die Scheiben, wie sie rinnen!
Und die Wolken, wie sie spinnen
ihren feuchten Himmelstau,
ur und ewig, trüb und grau!
Auf dem Dach die Regentropfen:
Wie sie pochen, wie sie klopfen!
Und an jeder Traufe hängt
Trän' an Träne dicht gedrängt.

O, wie ist der Mann zu loben,
Der solch' unvernünft'ges Toben
schon im Voraus hat bedacht,
und die Häuser hohl gemacht!
Sodass wir im Trocknen hausen
und mit stillvergnügtem Grausen
und in wohlgeborg'ner Ruh
solchem Gräuel schauen zu!

Heinrich Seidel (1842–1906)

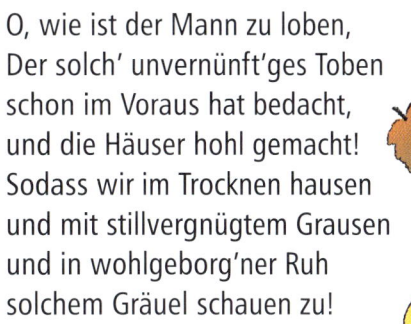

Vorweihnacht

Bald ist Weihnacht,
wie freu' ich mich drauf,
da putzt uns die Mutter
ein Bäumlein schön auf;
es glänzen die Äpfel,
es funkeln die Stern',
wie hab'n wir doch alle
das Weihnachtsfest gern.

Volksgut

Advent, Advent, ein Lichtlein brennt.
Erst eins, dann zwei, dann drei, dann vier
dann steht das Christkind vor der Tür.

Für kleine Schelme:

Und wenn das fünfte Lichtlein brennt,
dann hast du Weihnachten verpennt!

Volksgut

Advent

Am Himmel Wolkenjagd, bleifarb'ge Helle,
in Frost erschauernd lag die Flur, die nackte.
Fern sah herüber spukhaft der Soracte,
und lautlos schlich die gelbe Tiberwelle.

Ein junges Hirtenpaar, in Ziegenfelle
gehüllt, schritt mit dem Dudelsack im Takte,
dem Tore zu, bis sie die Wache packte,
und unsanft sie hinwegwies von der Schwelle.

Erblichen ist in Rom, ihr guten Kinder,
der Stern, der einst in Bethlehem erglommen,
der Felsen Petri ward zur schroffen Klippe.

Und pochtet ihr am Vatikan, noch minder
wär' dort die Mahnung an den Stall willkommen,
wo einst das Heil der Welt lag in der Krippe.

Paul Heyse (1839–1914)

Vom Christkind

Denkt euch, ich habe das Christkind gesehen!
Es kam aus dem Walde, das Mützchen voll Schnee,
mit rot gefrorenem Näschen.

Die kleinen Hände taten ihm weh,
denn es trug einen Sack, der war gar schwer,
schleppte und polterte hinter ihm her.

Was drin war, möchtet ihr wissen?
Ihre Naseweise, ihr Schelmenpack –
denkt ihr, er wäre offen der Sack?

Zugebunden bis oben hin!
Doch war gewiss etwas Schönes drin,
es roch so nach Äpfeln und Nüssen.

Anna Ritter (1865–1921)

Für kleine Schelme:

Denkt euch, ich habe das
Christkind gesehen,
es kam aus dem Walde und
konnt' kaum noch stehen.
Auf Geschenke braucht ihr
nicht zu hoffen,
es hat das ganze Geld versoffen.

Idylle

Maria unterm Lindenbaum
lullt ihren Sohn in Schlaf und Traum.
Herr Joseph auch, der wackre Greis,
ist eingenickt und schnarcht ganz leis'.

Vier Englein aber hocken dicht
auf einem Ast und schlafen nicht.
Sie schlafen nicht und singen sacht,
kein' Nachtigall es besser macht!

Groß überm Wald her, Himmelsruh,
hebt sich der Mond und guckt herzu.
Maria reißt die Augen auf,
ihr fiel ein Schlummerkörnlein drauf.

Und ist erst in der halben Nacht,
dass sie bei ihrem Kind gewacht.
Sie sieht in all den Silberschein
mit großen Augen still hinein.

Hört kaum das Lied von obenher,
ihr Herz ist bang, ihr Herz ist schwer,
ein Tränlein fällt ihr auf die Hand
und blitzt im Mond wie ein Demant.

Gustav Falke (1853–1916)

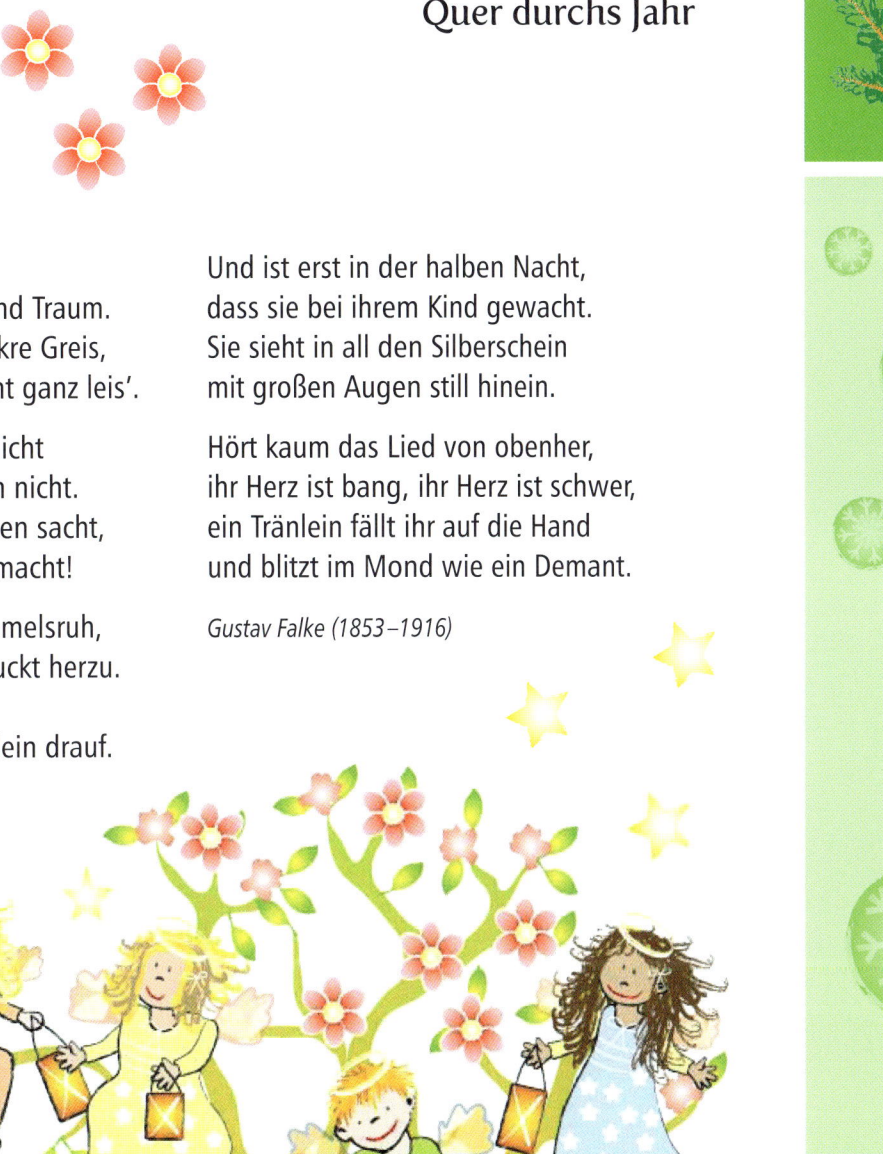

Knecht Ruprecht

Von drauß' vom Walde komm ich her,
ich muss euch sagen, es weihnachtet sehr!
Allüberall auf den Tannenspitzen
sah ich goldene Lichtlein sitzen.

Und droben aus dem Himmelstor
sah mit großen Augen das Christkind hervor.
Und wie ich so strolcht' durch den finstern Tann,
da rief's mich mit heller Stimme an:

„Knecht Ruprecht", rief es, „alter Gesell,
hebe die Beine und spute dich schnell!
Die Kerzen fangen zu brennen an,
das Himmelstor ist aufgetan.

Alt' und Junge sollen nun
von der Jagd des Lebens einmal ruhn.
Und morgen flieg ich hinab zur Erden,
denn es soll wieder Weihnachten werden!"

Ich sprach: „O lieber Herre Christ,
meine Reise fast zu Ende ist.
Ich soll nur noch in diese Stadt,
wo's eitel gute Kinder hat."

„Hast' denn das Säcklein auch bei dir?"
Ich sprach: „Das Säcklein, das ist hier:
Denn Äpfel, Nuss und Mandelkern
essen fromme Kinder gern."

„Hast denn die Rute auch bei dir?"
Ich sprach: „Die Rute, die ist hier.
Doch für die Kinder nur, die schlechten,
die trifft sie auf den Teil, den rechten."

Christkindlein sprach: „So ist es recht.
So geh mit Gott, mein treuer Knecht!"
Von drauß' vom Walde komm ich her,
ich muss euch sagen, es weihnachtet sehr!
Nun sprecht, wie ich's hierinnen find!
Sind's gute Kind, sind's böse Kind?

Theodor Storm (1817–1888); gekürzt

Der Bratapfel

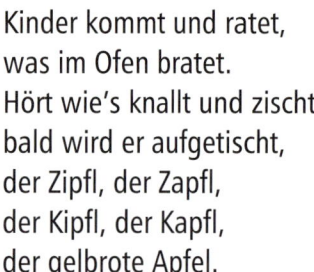

Kinder kommt und ratet,
was im Ofen bratet.
Hört wie's knallt und zischt,
bald wird er aufgetischt,
der Zipfl, der Zapfl,
der Kipfl, der Kapfl,
der gelbrote Apfel.

Kinder lauft schneller,
holt einen Teller,
holt eine Gabel,
sperrt auf den Schnabel,
für den Zipfl, den Zapfl,
den Kipfl, den Kapfl,
den goldbraunen Apfel.

Sie pusten und prusten,
sie gucken und schlucken,
sie schnalzen und schmecken,
sie lecken und schlecken
den Zipfel, den Zapfel,
den Kipfel, den Kapfel,
den knusprigen Apfel.

Volksgut aus Bayern

Christkindlein, ich bitte dich:
Denk im Himmel auch an mich!
Teile deine Gaben aus,
bring mir recht viel Glück ins Haus!

Volksgut

Wo die Zweige am dichtesten hangen,
die Wege am tiefsten verschneit,
da ist um die Dämmerzeit
im Walde das Christkind gegangen.

Es musste sich wacker plagen,
denn einen riesigen Sack
hat's meilenweit huckepack
auf den schmächtigen Schultern getragen.

Zwei spielende Häschen saßen
geduckt am schneeigen Rain.
Die traf solch blendender Schein,
dass sie das Spielen vergaßen.

Doch das Eichhorn hob schnuppernd
die Ohren
und suchte die halbe Nacht,
ob das Christkind von all seiner Pracht
nicht ein einziges Nüsschen verloren.

Anna Ritter (1865–1921)

Der Glückwunsch

Ein Glückwunsch ging ins neue Jahr,
ins Heute aus dem Gestern.
Man hörte ihn silvestern.
Er war sich aber selbst nicht klar,
wie eigentlich sein Hergang war
und ob ihn die Vergangenheit
bewegte oder neue Zeit.
Doch brachte er sich dar, und zwar
undeutlich und verlegen.

Weil man ihn nicht so ganz verstand,
so drückte man sich froh die Hand
und nahm ihn gern entgegen.

Joachim Ringelnatz (1883–1934)

Die Könige

Drei Könige wandern aus Morgenland,
ein Sternlein führt sie zum Jordanstrand,
in Juda fragen und forschen die drei,
wo der neugeborne König sei.
Sie wollen Weihrauch, Myrrhen und Gold
zum Opfer weihen dem Kindlein hold.

Und hell erglänzet des Sternes Schein,
zum Stalle gehen die Könige ein,
das Knäblein schauen sie wonniglich,
anbetend neigen die Könige sich,
sie bringen Weihrauch, Myrrhen und Gold
zum Opfer dar dem Knäblein hold.

O Menschenkind, halte treulich Schritt,
die Könige wandern, o wandere mit!
Der Stern des Friedens, der Gnade Stern
erhelle dein Ziel, wenn du suchest
den Herrn;
Und fehlen dir Weihrauch, Myrrhen
und Gold,
schenke dein Herz dem Knäblein hold!

Peter Cornelius (1824–1874)

Der Stern

Hätt' einer auch fast mehr Verstand
als die drei Weisen aus Morgenland,
und ließe sich dünken, er wär' wohl nie
dem Sternlein nachgereist wie sie.
Dennoch, wenn nun das Weihnachtsfest
seine Lichtlein wonniglich scheinen lässt,
fällt auch auf sein verständig Gesicht,
er mag es merken oder nicht,
ein freundlicher Strahl
des Wundersternes von dazumal.

Wilhelm Busch (1832–1908)

Märchen und Weisheiten

Vom Riesen Pinkepank

Jetzt hört die Mär' drei Ellen lang
vom bösen Riesen Pinkepank.
Der wohnte tief in Wasserpolen
mit einer Prinzessin, die er gestohlen.
Einst ging er spazieren bis nach Ungarn,
da fing ihn mächtig an zu hungern.
Er nahm das Dach von einem Haus,
riss gleich das runde Öfchen aus
und schluckt es ganz mitsamt der Glut:
Das war ein Würstchen heiß und gut!
Den Ofen konnt' er nicht vertragen,
er starb an einem verbrannten Magen.
Da sprach die Prinzessin: Gott sei Dank,
jetzt heiß' ich nicht mehr Frau Pinkepank!

Victor Blüthgen (1844–1920)

Der kleine Vogelfänger

„Wart', Vöglein, wart'! Jetzt bist du mein,
jetzt hab' ich dich gefangen,
in einem Käfig sollst du jetzt
an meinem Fenster hangen!"

„Ach, lieber Bube, sag' mir doch,
was hab' ich denn begangen,
dass du mich armes Vögelein,
dass du mich hast gefangen?"

„Ich bin der Herr, du bist der Knecht:
Die Tiere, die da leben,
die sind dem Menschen allzumal
und mir auch untergeben."

„Das, lieber Bube, glaub' ich nicht,
das sollst du mir beweisen!" –
„Schweig' still, schweig' still! Sonst brat'
                              ich dich
und werde dich verspeisen!"

Der Knabe rannte schnell nach Haus,
da fiel er von der Stiegen.
Das Vöglein flog zum Haus hinaus
und ließ das Büblein liegen.

Hoffmann von Fallersleben (1798–1874)

Waldmärchen

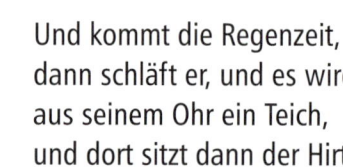

Es lebt ein Ries' im Wald,
der hat ein Ohr so groß,
wenn da ein Donner schallt,
ist's ihm ein Jucken bloß.

Er macht so mit der Hand,
als wie nach einer Hummel –
sein eigenes Gebrummel
erschreckt das ganze Land.

Und kommt die Regenzeit,
dann schläft er, und es wird
aus seinem Ohr ein Teich,
und dort sitzt dann der Hirt.

Und tränkt dran seine Schaf,
doch manchmal dreht, o Graus,
der Ries' sich um im Schlaf –
und dann ist alles aus.

Christian Morgenstern (1871–1914)

106

Dornröslein

Im Walde steht ein altes Schloss,
drin schläft ein König und sein Tross.
Er sitzt auf einem Thron von Gold,
zu Füßen ihm ein Mägdlein hold.
Dornröslein, schön wie keine Maid,
so voll an Reiz und Lieblichkeit,
Dornröslein schläft, das holde Kind,
mit Vater, Mutter und Gesind'.
Die Kunde lebt im ganzen Land
und dennoch keiner sich noch fand;
kein Ritter, der mit Mut zum Streit
die Königstochter hätt' befreit.

Greift nach dem Schwert und nach
　　　　　　　　　　　dem Schild!
Bahnt euch den Pfad durch Dornen wild!
Ein Kuss auf Rösleins Purpurmund
löst allen Zauber zu der Stund'.
Ein alter Sänger singt das Lied,
der von dem Leben gerne schied.
Wenn nur Dornröslein wär' befreit –
dann schied er in die Ewigkeit!

Franz Graf von Pocci (1807–1876)

Frau Holle

Frau Holle, die schüttelt ihre Betten aus,
fällt blitzeweißer Schnee heraus,
so viele Flöckchen ohne Zahl,
so viele Flöckchen auf einmal.

Frau Holle, die guckt zu ihrem Haus hinaus.
Wie sieht die Welt so prächtig aus!
Da kommt ein armes Mägdelein,
das ruft sie zu sich herein.

Frau Holle, die schüttelt mit
              dem Mägdelein
viel blitzeweiße Flöckchen fein.
Da freuen sich die Kinder sehr,
die beiden schütteln immer mehr.

Volksgut

Die Wassergeister

Im tiefen Gewässer
da ist unser Leben,
im Wogen der Wellen
wir schweben und weben.

Im tiefblauen Grunde
da stehen so feste
korallene Säulen,
kristallene Paläste.

Und türmen die Stürme
die schäumenden Wogen,
und kommen die Wetter
mit Blitzen gezogen.

Hoch über dem Wasser,
da ist unser Leben.
In Fluten und Wellen
wir schweben und weben.

Franz Graf von Pocci (1807–1876)

Märchen

Ich weiß ein schönes Märchen.
Es war ein schönes Pärchen,
hieß Hänselchen und Klärchen,
die pflückten Blum' und Ährchen,
und aßen reife Beerchen.
Das Klärchen hatt' ein Härchen,
das Hänselchen ein Scherchen,
das war ein goldnes Härchen,
und das ein silbern Scherchen.
Das Hänselchen nahm Klärchen,
schnitt mit dem Silberscherchen.

ihr das goldne Härchen,
da ging das goldne Härchen
entzwei am Silberscherchen,
da ging das Silberscherchen
entzwei am goldnen Härchen.
Da weinte laut das Klärchen
um ihr verlornes Härchen,
und Hänschen mit dem Klärchen
um sein zerbrochnes Scherchen.
Laut weinte das Pärchen
um Härchen und Scherchen
gar viele, viele Zährchen.

Märchen und Weisheiten

Laut weinten Blum' und Ährchen
und alle reifen Beerchen,
zusammen mit dem Pärchen
um Härchen und Scherchen.
Da saß im Busch ein Stärchen,
das sah die vielen Zährchen,
da sprach das kluge Stärchen:

„Was weint ihr denn, ihr Närrchen?
Das Härchen und das Scherchen,
die Zährchen und die Ährchen,
die Beerchen, und du Pärchen,
und ich dazu, das Stärchen,
sind alles nur ein Märchen."

Friedrich Rückert (1788–1866)

Märchen und Weisheiten

Die Geschichte vom wilden Jäger

Es zog der wilde Jägersmann
sein grasgrün neues Röcklein an.
Nahm Ranzen, Pulverhorn und Flint'
– und lief hinaus ins Feld geschwind.

Er trug die Brille auf der Nas'
und wollte schießen tot den Has'.

Das Häschen sitzt im Blätterhaus
und lacht den wilden Jäger aus.

Jetzt schien die Sonne gar zu sehr,
da ward ihm sein Gewehr zu schwer.
Er legte sich ins grüne Gras,
das alles sah der kleine Has.
Und als der Jäger schnarcht' und schlief,
der Has' ganz heimlich zu ihm lief
und nahm die Flint' und auch die Brill'
und schlich davon ganz leis' und still.

Die Brille hat das Häschen jetzt
sich selbst auf seine Nas' gesetzt,
und schießen will's aus dem Gewehr.
Der Jäger aber fürcht' sich sehr,
er läuft davon und springt und schreit:
„Zu Hilf', ihr Leut', zu Hilf', ihr Leut'!"

Da kommt der wilde Jägersmann
zuletzt beim tiefen Brünnchen an,
er springt hinein. Die Not war groß.
Es schießt der Has' die Flinte los.

Des Jägers Frau am Fenster saß
und trank aus ihrer Kaffeetass'.
Die schoss das Häschen ganz entzwei,
da rief die Frau: „O wei! O wei!"
Doch bei dem Brünnchen heimlich saß
des Häschens Kind, der kleine Has'.
Der hockte da im grünen Gras,
dem floss der Kaffee auf die Nas'.
Er schrie: „Wer hat mich da verbrannt?"
Und hielt den Löffel in der Hand.

Heinrich Hoffmann (1809–1894)

Herr von Ribbeck
auf Ribbeck im Havelland

Herr von Ribbeck auf Ribbeck im Havelland,
ein Birnbaum in seinem Garten stand.
Und kam die goldene Herbsteszeit
und die Birnen leuchteten weit und breit,
da stopfte, wenn's Mittag vom Turme scholl,
der von Ribbeck sich beide Taschen voll,
und kam in Pantinen ein Junge daher,
da rief er: „Junge, willste 'ne Beer?"
Und kam ein Mädel, so rief er: „Lütt Dirn,
kumm man röwer, ick hebb 'ne Birn."

So ging es viel Jahre, bis lobesam
der von Ribbeck auf Ribbeck zu sterben kam.
Er fühlte sein Ende. 'S war Herbsteszeit,
wieder lachten die Birnen weit und breit.
Da sagte von Ribbeck: „Ich scheide nun ab,
legt mir eine Birne mit ins Grab."
Und drei Tage drauf, aus dem Doppeldachhaus,
trugen von Ribbeck sie hinaus,
alle Bauern und Büdner mit Feiergesicht
sangen „Jesus meine Zuversicht".

Und die Kinder klagten, das Herze schwer:
„He is dod nu. Wer giwt uns nu 'ne Beer?"
So klagten die Kinder. Das war nicht recht,
ach, sie kannten den alten Ribbeck schlecht.
Der neue freilich, der knausert und spart,
hält Park und Birnbaum strenge verwahrt.
Aber der alte, vorahnend schon,
und voll Misstrauen gegen den eigenen Sohn,
der wusste genau, was damals er tat,
als um eine Birn' ins Grab er bat.

Und im dritten Jahr, aus dem stillen Haus
ein Birnbaumsprössling sprosst heraus.
Und die Jahre gehen wohl auf und ab,
längst wölbt sich ein Birnbaum über dem Grab,
und in der goldenen Herbsteszeit
leuchtet's wieder weit und breit.
Und kommt ein Jung' übern Kirchhof her,
so flüstert's im Baume: „Willste 'ne Beer?"
Und kommt ein Mädel, so flüstert's: „Lütt Dirn,
kumm man röwer, ich gew di 'ne Birn'."

So spendet Segen noch immer die Hand
des von Ribbeck auf Ribbeck im Havelland.

Theodor Fontane (1819–1898)

Märchen und Weisheiten

Die Elfe

Nächtlich bei des Mondes Schimmer,
wenn der Wind schläft in den Wipfeln,
tanzt die wunderschöne Elfe
auf dem stillen, schilfumgebnen
Wasserrosenteich im Walde.
Nimmer dringt in diese Gründe
nur ein Hauch des Menschendaseins!
Selbst der Glocke weithin hallend
Klanggetöne stirbt versummend
in dem weiten Meer der Wipfel.
Und es steht der Wald im Lauschen
auf das eigne Schweigen lautlos.

Und die wunderschöne Elfe
wiegt sich über stillem Wasser
wie ein schimmernd Duftgebilde,
dass das leuchtend helle Goldhaar
um die weißen Glieder wallet.
Breitend ihre schönen Arme
schwebt sie ob dem dunklen Grunde,
wie ein lieblicher Gedanke
mondbeglänzter Einsamkeit.

Heinrich Seidel (1842–1906)

Vorlesen

Nichts Lieberes gibt es, was Ännchen mag,
als lesen und lesen den ganzen Tag.
Die schwierigsten Wörter liest glatt sie und nett,
wie Skagerrak, Skizze, Skunks und Skelett,
wie Mittwochsnachmittagskaffeekränzchen
und Sonntagsabendvergnügungstänzchen,
wie Dudelsackspfeifenmachergeselle
und Pferdeeisenbahnhaltestelle!
Das macht ihr viel Freude, und gern liest sie vor
dem Lenchen, der Karo, die beide ganz Ohr:
schöne Geschichten und Sagen und Märchen
vom Zimperlieschen und Siebenhärchen,
Prinzessin Zitrinchen und Tüpfel, dem Zwerg,
und von dem herrlichen Pfannkuchenberg.
Ich glaube, ich glaube, wenn's immer so bleibt,
dass sie noch mal selber Geschichten schreibt.

Heinrich Seidel (1842–1906)

Das Riesenspielzeug

Burg Niedeck ist im Elsass der Sage wohlbekannt,
die Höhe, wo vor Zeiten die Burg der Riesen stand.
Sie selbst ist nun verfallen, die Stätte wüst und leer,
du fragest nach den Riesen, du findest sie nicht mehr.

Einst kam das Riesenfräulein aus jener Burg hervor,
erging sich sonder Wartung und spielend vor dem Tor,
und stieg hinab den Abhang bis in das Tal hinein,
neugierig zu erkunden, wie's unten möchte sein.

Mit wen'gen raschen Schritten durchkreuzte sie den Wald,
erreichte gegen Haslach das Land der Menschen bald,
und Städte dort und Dörfer und das bestellte Feld
erschienen ihren Augen eine gar fremde Welt.

Wie jetzt zu ihren Füßen sie spähend niederschaut,
bemerkt sie einen Bauer, der seinen Acker baut.
Es kriecht das kleine Wesen einher so sonderbar,
es glitzert in der Sonne der Pflug so blank und klar.

„Ei! Artig Spielding!" ruft sie, „das nehm' ich mit nach Haus."
Sie kniet nieder, breitet behänd' ihr Tüchlein aus,
und feget mit den Händen, was da sich alles regt,
zu Haufen in das Tüchlein, das sie zusammenschlägt.

Und eilt mit freud'gen Sprüngen, man weiß, wie Kinder sind,
zur Burg hinan und suchet den Vater auf geschwind:
„Ei Vater, lieber Vater, ein Spielding wunderschön!
So Allerliebstes sah ich noch nie auf unsern Höhn."

Der Alte saß am Tische und trank den kühlen Wein,
er schaut sie an behaglich, er fragt das Töchterlein:
„Was Zappeliches bringst du in deinem Tuch herbei?
Du hüpfest ja vor Freuden; lass sehen, was es sei."

Sie breitet aus das Tüchlein und fängt behutsam an,
den Bauer aufzustellen, den Pflug und das Gespann.
Wie alles auf dem Tische sie zierlich aufgebaut,
so klatscht sie in die Hände und springt und jubelt laut.

Der Alte wird gar ernsthaft und wiegt sein Haupt und spricht:
„Was hast du angerichtet? Das ist kein Spielzeug nicht!
Wo du es hergenommen, da trag es wieder hin,
der Bauer ist kein Spielzeug, was kommt dir in den Sinn!

Sollst gleich und ohne Murren erfüllen mein Gebot!
Denn wäre nicht der Bauer, so hättest du kein Brot.
Es sprießt der Stamm der Riesen aus Bauernmark hervor,
der Bauer ist kein Spielzeug, da sei uns Gott davor!"

Burg Niedeck ist im Elsass der Sage wohlbekannt,
die Höhe, wo vor Zeiten die Burg der Riesen stand,
sie selbst ist nun verfallen, die Stätte wüst und leer,
und fragst du nach den Riesen, du findest sie nicht mehr.

Adelbert von Chamisso (1781–1838)

Die gar traurige Geschichte mit dem Feuerzeug

Paulinchen war allein zu Haus,
die Eltern waren beide aus.
Als sie nun durch das Zimmer sprang
mit leichtem Mut und Sing und Sang,
da sah sie plötzlich vor sich stehn
ein Feuerzeug, nett anzusehn.
„Ei," sprach sie, „ei, wie schön und fein!
Das muss ein trefflich' Spielzeug sein.
Ich zünde mir ein Hölzchen an,
wie's oft die Mutter hat getan."

Und Minz und Maunz, die Katzen,
erheben ihre Tatzen.
Sie drohen mit den Pfoten:
„Der Vater hat's verboten!
Miau! Mio! Miau! Mio!
Lass' stehn! Sonst brennst du lichterloh!"

Paulinchen hört die Katzen nicht!
Das Hölzchen brennt gar hell und licht,
das flackert lustig, knistert laut,
grad wie ihr's auf dem Bilde schaut.
Paulinchen aber freut sich sehr
und springt im Zimmer hin und her.

Doch Minz und Maunz, die Katzen,
erheben ihre Tatzen.
Sie drohen mit den Pfoten:
„Die Mutter hat's verboten!
Miau! Mio! Miau! Mio!
Wirf's weg! Sonst brennst du lichterloh!"

Märchen und Weisheiten

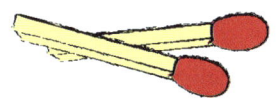

Doch weh! Die Flamme fasst das Kleid,
die Schürze brennt; es leuchtet weit.
Es brennt die Hand, es brennt das Haar,
es brennt das ganze Kind sogar.

Und Minz und Maunz, die schreien
gar jämmerlich zu zweien:
„Herbei! Herbei! Wer hilft geschwind?
Im Feuer steht das ganze Kind!
Miau! Mio! Miau! Mio!
Zu Hilf'! Das Kind brennt lichterloh!"

Verbrannt ist alles ganz und gar,
das arme Kind mit Haut und Haar.
Ein Häuflein Asche bleibt allein
und beide Schuh', so hübsch und fein.

Und Minz und Maunz, die kleinen,
die sitzen da und weinen:
„Miau! Mio! Miau! Mio!
Wo sind die armen Eltern? Wo?"
Und ihre Tränen fließen
wie's Bächlein auf den Wiesen.

Heinrich Hoffmann (1809–1894)

Märchen und Weisheiten

Vom Riesen Timpetu

Pst! Ich weiß was. Hört mal zu!
War einst ein Riese Timpetu.
Der arme Bursche hat – o Graus –
im Schlafe nachts verschluckt 'ne Maus.
Er lief zum Doktor Isegrimm:
„Ach Doktor! Mir geht's heute schlimm.
Ich hab' im Schlaf 'ne Maus verschluckt,
die sitzt im Leib und kneipt und druckt."
Der Doktor war ein kluger Mann,
man sah's ihm an der Nase an.
Er hat ihm in den Hals geguckt.
„Wie? Was? 'Ne Maus habt ihr verschluckt?
Verschluckt 'ne Miezekatz' dazu.
so lässt die Maus euch gleich in Ruh."

Alwin Freudenberg (1873–1930)

Vom unordentlichen Max

Max war sehr unordentlich.
Seine Sachen legt er sich
nie zurecht, nie abends nett
seine Kleider vor das Bett.
Nichts, nichts lag an seinem Ort,
ausgestreut lag's hier und dort.
Hier der eine Strumpf, beiseite
auf der Erde lag der zweite.
Hinterm Ofen lag ein Schuh,
seine Höschen auch dazu,
und der andre Schuh, er stand
wo der Rock lag, an der Wand.
Aber seht nur, Kinder, seht,
wie es ihm des Morgens geht!

Vater nimmt die Kleider bunt,
zieht sie an dem großen Hund!
Zieht ihm an den Rock so warm,
und die Hos', und untern Arm
steckt er ihm die Mappe. Ah!
Max steht noch im Hemde da!
Und was will der Vater nun,
was der kleine Max soll tun?
In die Schule muss der Max
gehen mit dem Hunde stracks.
Seht nur den Max Liederlich
in dem Hemd! Wie schämt er sich!
Doch der Hund geht stolz einher,
als ob er ein Schüler wär'!

Adolf Glaßbrenner (1810–1876)

Ernster Rat an Kinder

Wo man hobelt, fallen Späne.
Leichen schwimmen in der Seine.
An dem Unterleib der Kähne
sammelt sich ein zäher Dreck.
An die Strähnen von den Mähnen
von den Löwen und Hyänen
klammert sich viel Ungeziefer.
Im Gefieder von den Hähnen
nisten Läuse; auch bei Schwänen.
(Menschen gar nicht zu erwähnen,
denn bei ihnen geht's viel tiefer.)
Nicht umsonst gibt's Quarantäne.
Allen graust es, wenn ich gähne.
Ewig rein bleibt nur die Träne
und das Wasser der Fontäne.
Kinder, putzt euch eure Zähne!

Joachim Ringelnatz (1883–1934)

Peinlich berührt

Im Dorfe wohnt ein Vetter,
der gut versichert war
vor Brand und Hagelwetter
nun schon im zehnten Jahr.

Doch nie seit dazumalen
ist ein Malheur passiert,
und so für nichts zu zahlen,
hat peinlich ihn berührt.

Jetzt, denkt er, überlasse
dem Glück ich Feld und Haus.
Ich pfeife auf die Kasse
und schleunig trat er aus.

O weh, nach wenig Tagen
da hieß es: „Zapperment!
Der Weizen ist zerschlagen
und Haus und Scheune brennt."

Ein Narr hat Glück in Masse,
wer klug, hat selten Schwein.
Und schleunigst in die Kasse
trat er halt wieder ein.

Wilhelm Busch (1832–1908)

Die Geschichte vom bösen Friederich

Der Friederich, der Friederich,
das war ein arger Wüterich!
Er fing die Fliegen in dem Haus
und riss ihnen die Flügel aus.
Er schlug die Stühl' und Vögel tot,
die Katzen litten große Not.
Und höre nur, wie bös er war:
Er peitschte seine Gretchen gar!

Am Brunnen stand ein großer Hund,
trank Wasser dort mit seinem Mund.
Da mit der Peitsch' herzu sich schlich
der bitterböse Friederich.
Und schlug den Hund, der heulte sehr,
und trat und schlug ihn immer mehr.
Da biss der Hund ihn in das Bein,
recht tief bis in das Blut hinein.
Der bitterböse Friederich,
der schrie und weinte bitterlich. –
Jedoch nach Hause lief der Hund
und trug die Peitsche in dem Mund.

Märchen und Weisheiten

Ins Bett muss Friedrich nun hinein,
litt vielen Schmerz an seinem Bein,
und der Doktor sitzt dabei
und gibt ihm bitt're Arzenei.

Der Hund an Friedrichs Tischchen saß,
wo er den großen Kuchen aß.
Aß auch die gute Leberwurst
und trank den Wein für seinen Durst.
Die Peitsche hat er mitgebracht
und nimmt sie sorglich sehr in acht.

Heinrich Hoffmann (1809–1894)

Der Mond

Der Mond zieht durch die Wolken,
er kommt so hell heran.
Ihr Kinder, eilt ins Freie!
O seht den Mond euch an!
Da streckt das kleinste Knäbchen
die Arm' hinaus gar weit,
den Mond, den Mond will's haben,
nach ihm es weint und schreit.

Ich kann ihn dir nicht geben,
auch wenn du größer bist,
kann ich kein Glück dir geben,
das nicht auf Erden ist. —
Denk' bei dem goldnen Monde,
der hoch am Himmel schwebt,
dass niemand hier auf Erden
Unmögliches erstrebt.

Hoffmann von Fallersleben (1798–1874)

Kletterbüblein

Steigt das Büblein auf den Baum,
so hoch, man sieht es kaum!
Schlüpft
von Ast zu Ästchen
hüpft
zum Vogelnestchen.
Ui!
da lacht es,
hui!
da kracht es,
plumps, da liegt es drunten.

Friedrich Wilhelm Güll (1812–1879)

Das Brot

Er saß beim Frühstück äußerst grämlich,
da sprach ein Krümchen Brot vernehmlich:

„Aha, so ist es mit dem Orden
für diesmal wieder nichts geworden.
Ja, Freund, wer seinen Blick erweitert
und schaut nach hinten und nach vorn,
der preist den Kummer, der ihn läutert.
Ich selber war ein Weizenkorn,
mit vielen, die mir anverwandt,
lag ich im lauen Ackerland.
Bedrückt von einem Erdenkloß,
macht' ich mich mutig strebend los.

Gleich kam ein alter Has' gehupft
und hat mich an der Nas' gezupft,
und als es Winter ward, verfror,
was peinlich ist, mein linkes Ohr,
und als ich reif mit meiner Sippe,
o weh, da hat mit seiner Hippe
der Hans uns rundweg abgesäbelt
und zum Ersticken festgeknebelt
und auf die Tenne fortgeschafft,
wo ihrer Vier mit voller Kraft
im regelrechten Flegeltakte
uns klopften, dass die Scharte knackte!

Ein Esel trug uns in die Mühle.
Ich sage dir, das sind Gefühle,
wenn man, zerrieben und gedrillt
zum allerfeinsten Staubgebild',
sich kaum besinnt und fast vergisst,
ob Sonntag oder Montag ist.
Und schließlich schob der Bäckermeister,
nachdem wir erst als zäher Kleister
in seinem Troge bass gehudelt,
vermengt, geknebelt und vernudelt,
uns in des Ofens höchste Glut.
Jetzt sind wir Brot. Ist das nicht gut?
Frischauf, du hast genug, mein Lieber,
greif zu und schneide nicht zu knapp,
und streiche tüchtig Butter drüber
und gib den andern auch was ab!"

Wilhelm Busch (1832–1908)

Es saßen einstens beieinand' …

Es saßen einstens beieinand'
zwei Knaben, Fritz und Ferdinand.
Da sprach der Fritz: „Nun gib mal acht,
was ich geträumt vergangne Nacht.
Ich stieg in einen schönen Wagen,
der war mit Gold beschlagen.
Zwei Englein spannten sich davor,
die zogen mich zum Himmelstor.
Gleich kamst du auch und wolltest mit
und sprängest auf den Kutschentritt,
jedoch ein Teufel schwarz und groß,
der nahm dich hinten bei der Hos'
und hat dich in die Höll' getragen.
Es war sehr lustig, muss ich sagen."

So hübsch nun dieses Traumgesicht,
dem Ferdinand gefiel es nicht.
Schlapp! schlug er Fritzen an das Ohr,
dass er die Zippelmütz' verlor.
Der Fritz, der dies verdrießlich fand,
haut wiederum den Ferdinand –
und jetzt entsteht ein Handgemenge,
sehr schmerzlich und von großer Länge.

So geht durch wesenlose Träume
gar oft die Freundschaft aus dem Leime.

Wilhelm Busch (1832–1908)

Der volle Sack

Ein dicker Sack – den Bauer Bolte,
der ihn zur Mühle tragen wollte,
um auszuruhn mal hingestellt
dicht an ein reifes Ährenfeld, –
legt sich in würdevolle Falten
und fängt 'ne Rede an zu halten:
„Ich," sprach er, „bin der volle Sack.
Ihr Ähren seid nur dünnes Pack.
Ich bin's, der euch auf dieser Welt
in Einigkeit zusammenhält.

Ich bin's, der hoch vonnöten ist,
dass euch das Federvieh nicht frisst,
ich, dessen hohe Fassungskraft
euch schließlich in die Mühle schafft.
Verneigt euch tief, denn ich bin Der!
Was wäret ihr, wenn ich nicht wär'?"
Sanft rauschen die Ähren:
„Du wärst ein leerer Schlauch,
wenn wir nicht wären."

Wilhelm Busch (1832–1908)

Schein und Sein

Mein Kind, es sind allhier die Dinge,
gleichwohl, ob große, ob geringe,
im Wesentlichen so verpackt,
dass man sie nicht wie Nüsse knackt.
Wie wolltest du dich unterwinden,
kurzweg die Menschen zu ergründen.
Du kennst sie nur von außenwärts.
Du siehst die Weste, nicht das Herz.

Wilhelm Busch (1832–1908)

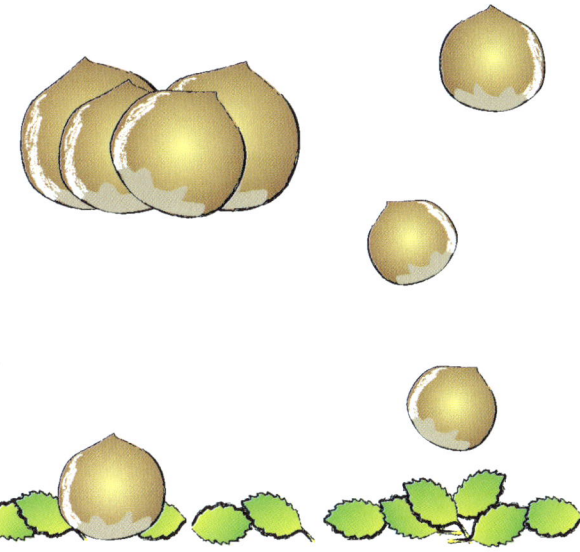

Vielleicht

Sage nie: Dann soll's geschehen!
Öffne dir ein Hinterpförtchen
durch „vielleicht", das nette Wörtchen,
oder sag: Ich will mal sehen!
Denk an des Geschickes Walten.
Wie die Schiffer auf den Plänen
ihrer Fahrten stets erwähnen:
Wind und Wetter vorbehalten!

Wilhelm Busch (1832–1908)

Leider!

So ist's in alter Zeit gewesen,
so ist es, fürcht' ich, auch noch heut'.
Wer nicht besonders auserlesen,
dem macht die Tugend Schwierigkeit.
Aufsteigend musst du dich bemühen,
doch ohne Mühe sinkest du.
Der liebe Gott muss immer ziehen,
dem Teufel fällt's von selber zu.

Wilhelm Busch (1832–1908)

Niemals

Wonach du sehnlich ausgeschaut,
es wurde dir beschieden.
Du triumphierst und jubelst laut:
Jetzt hab ich endlich Frieden!
Ach, Freundchen, rede nicht so wild,
bezähme deine Zunge!
Ein jeder Wunsch, wenn er erfüllt,
kriegt augenblicklich Junge.

Wilhelm Busch (1832–1908)

Eitelkeit

Ein Töpfchen stand im Dunkeln
an still verborgener Stelle.
„Ha", rief es, „wie wollt ich funkeln,
käm' ich nur mal ins Helle."
Ihm geht es wie vielen Narren.
Säß' einer auch hinten im Winkel,
so hat er doch seinen Sparren
und seinen aparten Dünkel.

Wilhelm Busch (1832–1908)

Das Mondschaf

Das Mondschaf steht auf weiter Flur,
es harrt und harrt der großen Schnur.
Das Mondschaf.

Das Mondschaf rupft sich einen Halm
und geht dann heim auf seine Alm.
Das Mondschaf.

Das Mondschaf spricht zu sich im Traum:
„Ich bin des Weltalls dunkler Raum."
Das Mondschaf.

Das Mondschaf liegt am Morgen tot,
sein Leib ist weiß, die Sonn' ist rot.
Das Mondschaf.

Christian Morgenstern (1871–1914)

Selbstkritik

Die Selbstkritik hat viel für sich:
Gesetzt den Fall, ich tadle mich,
so hab ich erstens den Gewinn,
dass ich so hübsch bescheiden bin.
Zum Zweiten denken sich die Leut',
der Mann ist lauter Redlichkeit.
Auch schnapp ich drittens diesen Bissen
vorweg den andern Kritiküssen.
Und viertens hoff' ich außerdem
auf Widerspruch, der mir genehm.
So kommt es denn zuletzt heraus,
dass ich ein ganz famoses Haus.

Wilhelm Busch (1832–1908)

Am Flusse

Wenn du am breiten Flusse wohnst,
seicht stockt er manchmal auch vorbei.
Dann, wenn du deine Wiesen schonst,
herüber schlemmt er, es ist ein Brei.

Am klaren Tag hinab die Schiffe,
der Fischer weislich streicht hinan.
Nun starret Eis am Kies und Riffe,
das Knabenvolk ist Herr der Bahn.

Das musst du sehn und unterweilen
doch immer, was du willst, vollziehn!
Nicht stocken darfst du, vor nicht eilen,
die Zeit, sie geht gemessen hin.

Johann Wolfgang von Goethe (1749–1832)

Der Autor

Was wär' ich
ohne dich,
Freund Publikum!
All mein Empfinden Selbstgespräch,
all meine Freude stumm.

Johann Wolfgang von Goethe (1749–1832)

Abendlied

Über allen Gipfeln
ist Ruh,
in allen Wipfeln
spürest du
kaum einen Hauch.
Die Vögelein schweigen im Walde.
Warte nur, balde
ruhest du auch.

Johann Wolfgang von Goethe (1749–1832)

Beispiel

Wenn ich mal ungeduldig werde,
denk' ich an die Geduld der Erde,
die, wie man sagt, sich täglich dreht
und jährlich so wie jährlich geht.
Bin ich denn für was Andres da? –
Ich folge der lieben Frau Mama.

Johann Wolfgang von Goethe (1749–1832)

Gesang der Geister

Des Menschen Seele
gleicht dem Wasser:
Vom Himmel kommt es,
zum Himmel steigt es,
und wieder nieder,
zur Erde muss es,
ewig wechselnd.

*Johann Wolfgang von Goethe (1749–1832);
gekürzt*

Plaudertasche

Du liebes Plappermäulchen,
bedenk dich erst ein Weilchen,
und sprich nicht so geschwind.
Du bist wie unsre Mühle
mit ihrem Flügelspiele
im frischen Sausewind.

Solang der Müller tätig
und schüttet auf, was nötig,
geht alles richtig zu.
Doch ist kein Korn darinnen,
dann kommt das Werk von Sinnen
und klappert so wie du.

Wilhelm Busch (1832–1908)

Geschmackssache

Dies für den und das für jenen,
viele Tische sind gedeckt.
Keine Zunge soll verhöhnen,
was der andren Zunge schmeckt.

Lasse jedem seine Freuden,
gönn ihm, dass er sich erquickt,
wenn er sittsam und bescheiden
auf den eignen Teller blickt.

Wenn jedoch bei deinem Tisch er
unverschämt dich neckt und stört,
dann so gib' ihm einen Wischer,
dass er merkt, was sich gehört.

Wilhelm Busch (1832–1908)

Register

Register